हिन्दी के मुक्तक और रुबाइयां

AF659593

डॉ. सुनील जोगी

डायमंड बुक्स

www.diamondbooks.in

संकलित कवि-शायर

- 'अंचल' रामेश्वर शुक्ल
- अकबर इलाहबादी
- अख्तर शीरानी
- अज़हर रिज़वी
- अदव गोंडवी
- अना देहलवी
- अनु सपन
- अब्दुल हमीद 'अदम'
- अमिताभ मिश्र
- अमीर कजलवास
- अमीर मीनाई लखनवी
- अहकर काशीपुरी
- अहमद फ़राज़
- अहसान दानिश
- अयोध्या सिंह उपाध्याय 'हरिऔध'
- असग़र
- 'असर' मिर्जा
- जफर अली खान
- 'अहमद हुसैन अमज़द हैदराबादी
- आनन्द मिश्र
- आरिफ लखनवी
- आरिफ़ सहनसाखी
- आलोक श्रीवास्तव
- आसिफ
- अंजू जैन
- उदयशंकर भट्ट
- उमर खैय्याम (प्रो. वाक़िफ)
- डॉ. उर्मिलेश
- उस्मान आरिफ़ नक्शबन्दी
- एकता शबनम्
- ओमप्रकाश आदित्य
- ओमप्रकाश 'निर्मल'
- क़तील शिफ़ाई
- क़मर ज़ाहिदी
- कादिर सिद्दीकी
- कान्ता शर्मा
- कायम अंढोसी गयावी
- कुंअर जावेद
- डॉ. कुंअर बेचैन
- किशन सरोज
- डॉ. कीर्ति काले
- डॉ. कुमार विश्वास
- कुमार शिव
- केशव पाठक
- कैफ़ी आज़मी
- डॉ. कृष्ण बिहारी 'नूर'
- कृष्ण मोहन
- कृष्ण सहाय हितकारी 'वहशी'
- खुमार बारावंकवी
- खुशबू शर्मा
- ख्वाजा मीर 'दर्द'
- गजेन्द्र सोलंकी
- ग़ालिब
- गिरिजा कुमार माथुर
- गुलाब खंडेलवाल
- गुलाम रब्बानी 'ताबाँ'
- गोपाल कृष्ण कौल
- गोपाल दास 'नीरज'
- गोपाल सिंह 'नेपाली'
- चन्द्र प्रकाश वर्मा
- चन्द्र सेन विराट
- चरनजीत सिंह 'बसर'
- चेतन आनन्द
- चिराग़ जैन
- चिरंजीत
- जगन्नाथ आज़ाद
- ज़फर रज़ा
- जां निसार अख्तर
- जिगर मुरादाबादी
- जोश मलीहाबादी
- 'जौक' शेख मौहम्मद इब्राहीम
- तहसीन मुनव्वर
- तारीख कंवर
- त्रिलोकचन्द महरूम
- डॉ. धर्मवीर भारती
- देवप्रताप नागर
- दवीर लखनवी
- दाग़ देहलवी
- दिनेश रघुवंशी
- दुष्यन्त कुमार
- देव शर्मा 'विचित्र'
- डॉ. देवी प्रसाद 'राही'
- नदीम नैयर
- नरेन्द्र वसिष्ठ
- नरेन्द्र सिन्हा
- नरेश कुमार 'शाद'
- निदा फाज़ली
- निरंकार देव 'सेवक'
- नैरंग सरहदी
- डॉ. पद्म सिंह शर्मा 'कमलेश'
- सारथि साराथ डबराल
- पुरुषोत्तम प्रतीक
- प्रकाश दीक्षित
- प्रकाशनाथ परवेज़
- प्राण शर्मा
- फानी बदायूंनी
- डॉ. फिराक़ गोरखपुरी
- फैज़ अहमद 'फैज़'
- बनवारीलाल 'शोला'
- बलदेव प्रसाद मिश्र
- बलवीर सिंह 'रंग'
- बालकवि बैरागी
- बालस्वरूप 'राही'
- ब्रजकिशोर नारायण
- ब्रजेश भट्ट
- भवानी प्रसाद मिश्र
- भारत भूषण
- भूपेन्द्र कुमार स्नेही
- मजाज़ लखनवी
- मजरूह सुल्तानपुरी
- मधुमोहिनी उपाध्याय
- मधुर शास्त्री
- मनप्रीत कौर
- मनोरमा 'मधु'
- महेन्द्र सिंह बेदी 'सहर'
- मासूम शेरघाटवी
- मीर अनीस लखनवी
- मीर तकीं मीर
- मुकुट बिहारी 'सरोज'
- मुशीर मुमताज झिंझानवी
- मंगल नसीम
- यगाना चंगेजी
- रफीक अहमद मयकश बदायूंनी
- रमा सिंह
- रमेश गौड़
- रवीश सिद्दकी
- रवीन्द्र जैन
- रशीद लखनवी
- राजकुमार सैनी
- राजगोपाल सिंह
- राजेश चेतन
- राधेश्याम प्रगल्भ
- रामकुमार चतुर्वेदी
- रामसेवक श्रीवास्तव
- रामस्वरूप सिन्दूर
- रामानन्द दोषी
- रामावतार त्यागी
- रितू गोयल
- रूपनारायण त्रिपाठी
- लक्षमन दास शायक
- वफ़ा वराही
- वसीम बरेलवी
- बागेश्री चक्रधर
- वाहिद अली 'वाहिद'
- विजयदेव नारायण साही
- विश्वम्भर नाथ उपाध्याय
- विष्णु खन्ना
- डॉ. विष्णु सक्सेना
- वीर सक्सेना
- डॉ. वीरेन्द्र मिश्र
- शमशेर बहादुर सिंह
- शंभू नाथ शेष
- शंभू शिखर
- शरदेन्दु शर्मा
- शिवओम अम्बर
- शिव बहादुर सिंह भदौरिया
- शिमंगल सिंह 'सुमन'
- शिशुपाल सिंह 'शिशु'
- सत्यपाल बेदार 'सरस'
- सन्तोषानन्द
- सफी लखनवी
- सरदार जाफरी
- सरदार होशियारपुरी
- सरस्वती कुमार 'दीपक'
- डॉ. सरिता शर्मा
- सलाम मछली शहरी
- साग़र निज़ामी
- साबिर जबलपुरी
- साहिर अबोहरी
- साहिर लुधियानवी
- साहिर होशियारपुरी
- सीता सागर
- सीतेश आलोक
- सीमाब अकबराबादी
- डॉ सुनील जोगी
- डॉ सुमन दुबे
- सुलेमान अदीब
- सुहेल मुरादाबादी
- सोम अधीर
- सैयद मोहम्मद 'असर'
- सौदा मिर्ज़ा मोहम्मद रफ़ी
- हरभगवान शार
- हरिकृष्ण प्रेमी
- डॉ. हरिवंशराय बच्चन
- हुल्लड मुरादाबादी
- होशियार सिंह चौहान
- श्रवण कुमार गर्ग
- श्रवण राही
- कीही
- त्रिलोचन
- शेरजंग गर्ग

समर्पण

राजनीति में देशभक्ति, ईमानदारी
और निष्ठा के प्रतीक
प्रखर एवं संतुलित वक्ता
सरल, सहज और विनम्र व्यक्तित्व के स्वामी
भारतीय जनता पार्टी के शीर्ष पुरुष
अत्यधिक स्नेह करने वाले

माननीय श्री राजनाथ सिंह जी

को

सादर समर्पित

डॉ सुनील जोगी

प्रकाशक : डायमंड पॉकेट बुक्स (प्रा.) लि.
X-30 ओखला इंडस्ट्रियल एरिया, फेस -II
नई दिल्ली- 110020
फोन : 011-40712200
ई-मेल : wecare@diamondbooks.in
वेबसाइ : www.diamondbooks.in
संस्करण : 2025
मुद्रक : (रेप्रो इंडिया)

HINDI KE MUKTAK AUR RUBAIYAN
by : Dr. Sunil Jogi

दो शब्द

हिंदी काव्य साहित्य परम्परागत रूप से अत्यन्त समृद्ध है। हिन्दी कवियों ने दोहा, कवित्त, छन्द, सोरठा, छप्पय, बरवै, चौपाई, मुक्तक, गीत गद्यगीत, नवगीत, ग़ज़ल जैसी अनेक विधाओं में अपनी लेखनी को आजमाया है। इनमें से 'मुक्तक' अपनी विशिष्ट शैली और अचूक सम्प्रेषणीयता के कारण बहुत लोकप्रिय हुआ है। पूर्व में इन्हें 'चौपदे' या 'चतुष्पदी' कहा जाता था। ऐसा माना जाता है कि हिन्दी में मुक्तकों की परम्परा उर्दू से प्रारम्भ हुई। देवनागरी लिपि के प्रचलन के बाद उर्दू-साहित्य हिन्दी रचनाकारों तक पहुंचा और उन्होंने रुबाई क़तआ जैसे रूपाकार में हिन्दी में इस परम्परा को पोषित किया।

डॉ. रामेश्वर शुक्ल 'अंचल' ने चतुष्पदियांऔर डॉ. अयोध्या सिंह उपाध्याय 'हरिऔध' ने 'चुभते चौपदे' लिखे। डॉ. हरिवंश राय 'बच्चन' ने प्रसिद्ध उर्दू-शायर उमर खय्याम द्वारा लिखी गई रुबाइयों का हिन्दी अनुवाद 'मधुशाला' के रूप में करके अपार लोकप्रियता हासिल की।

उर्दू-फारसी कविता में शेर, रुबाई, क़तआ, पर्सिया व ग़ज़ल खूब कही गई हैं। इनमें से कम शब्दों में अपने भाव संप्रेषित करने में रुबाई व क़तआ का कोई सानी नहीं उर्दू में ये विद्या अत्यन्त लोकप्रिय है और मुशायरों में इन्हें तहे दिल से सुना जाता है।

रुबाई, चार पंक्तियों की ऐसी रचना होती है, जिसमें पहली, दूसरी व चौथी पंक्तियों में काफिया होता है। यह एक ऐसा छन्द है, जिसका मूल वज़न तगण, यगण, सगण और मगण होता है, जबकि क़तआ में दूसरी व चौथी पंक्तियों में तुक मिलती है।

प्रसिद्ध कवि डॉ. गोपालदास 'नीरज' लिखते हैं "....रुबाई....एक विशिष्ट लय में बंधी होती है और उस **लय का सूत्र होता है 'लाहौल विला कुब्वत इल्ला विल्ला।' इस बहर के अतिरिक्त अन्य बहरों में चार-चार पंक्तियां बांधी जाती हैं, वे रुबाई न होकर क़तआ होती है।"**

रुबाई या क़तआ की चौथी पंक्ति इनकी जान होती है। शायर कमर निज़ामी गयावी ने क़तआत को रुबाइयों का ही दूसरा रूप माना है।

जहां तक हिन्दी की बात है श्री नीरज ने माना है कि इसमें रुबाइयों

के स्थान पर क़तआत ही अधिक लिखे गए हैं।

यद्यपि मर्म पर चोट करने में हिन्दी में दोहे अद्वितीय हैं, लेकिन समय के अनुसार कबीर से लेकर 'सतसैया के दोहों' तक की ये थाती धीरे-धीरे सिकुड़ती गई और मुक्तकों ने उनका स्थान ले लिया। साहित्य के संकलनों, पत्र-पत्रिकाओं और विशेष रूप से काव्य-मंचों पर इसने अपना सिक्का जमा लिया। मंचों पर अधिकांशतया ये देखा गया है कि कोई भी कवि या शायर, मुशायरे अथवा कवि सम्मेलन में 'वार्म अप' होने के लिए मुक्तकों, रुबाइयों, क़तआत से आगाज़ करेगा। बाद में गीत या ग़ज़ल पढ़ेगा!

चार पंक्तियों की वे स्वतन्त्र रचनाएं जिनमें पूर्ण अर्थवत्ता हो, इनकी पहली, दूसरी व चौथी पंक्तियों में तुकान्त हो और विशिष्ट लय में निबद्ध हों; चौथी पंक्ति एक विशिष्ट गाम्भीर्य के साथ पूर्ण हो, मुक्तक कहलाती है।

वास्तव में रुबाई हो अथवा क़तआ, चतुष्पदी हो या मुक्तक सभी एक-दूसरे के पूरक हैं। उनमें मूलभूत अन्तर नहीं है। अपने विशिष्ट शब्द-संयोजन, तुकान्तता, भाव-सम्प्रेषण मर्म-प्रहार की अद्‌भुत क्षमता और लयात्मकता के कारण ये रचनाएं पाठकों-श्रोताओं के दिलों में गहरे तक उतर जाती हैं। इन्हें वह गाता है, गुनगुनाता है और एक अज़ीब-सा सुकून पाता है।

हिन्दी में डॉ. पद्‌म सिहं शर्मा 'कमलेश', उदयशंकर भट्‌ट, त्रिलोचन शास्त्री, बलवीर सिह 'रंग', डॉ शिवमंगल सिंह 'सुमन', डॉ. धर्मवीर भारती, शिशुपाल सिह 'शिशु', गोपालसिंह 'नेपाली', दुष्यन्त कुमार, शमशेर बहादुर सिंह, वीरेन्द्र मिश्र, रामस्वरूप 'सिन्दूर' विजयदेव नारायण साही, गुलाब खण्डेलवाल, डॉक्टर कुवंर बेचैन, चिरंजीत, रामावतार त्यागी, डॉ. शेरजंग गर्ग, सोम ठाकुर जैसे सरस्वती-पुत्रों ने मुक्तक लिखे हैं।

उर्दू में मिर्ज़ा गालिब, ख्वाजामीरंदर्द', अकबर इलाहाबादी, फिराक़ गोरखपुरी, साहिर लुधियानवी, अहसान दानिश, जां निसार अख्तर, कैफी आज़मी, दाग़ देहलवी, मजरुह सुल्तानपुरी, नरेश कुमार 'शाद', डॉ सागर निज़ामी, वसीम बरेलवी, यगाना चंगेज़ी जैसे अज़ीम शायरों ने रुबाइयां लिखी हैं।

हम आपके समक्ष मुक्तकों और रुबाइयों का यह संकलन प्रस्तुत कर रहे हैं, जो अपने ढंग का एक अनूठा प्रयास है। इसमें हिन्दी के पूर्व प्रतिष्ठित कवियों के साथ कुछ ऐसे युवा रचनाकार शामिल हैं, जिन्हें काव्य-मंचों पर तन्मयता और प्यार से झूम-झूमकर सुना जाता है और उनके द्वारा सुनाए गए मुक्तकों को लोग बड़े सम्मान से अपने साथ ले जाते हैं। खुद सुनते हैं, दूसरों को सुनाते हैं और किसी अगले आयोजन में उन्हीं रचनाओं की दोबारा फरमाइश करते हैं।

ऐसे रचनाकारों में रवीन्द्र जैन, डॉ. शिव ओम 'अम्बर', राजेश चेतन, वाहिद अली 'वाहिद', मंगल नसीम, राजगोपाल सिंह, हुल्लड़ मुरादाबादी, डॉ सुमन दुबे, डॉ. सुनील जोगी, डॉ विष्णु सक्सेना, तहसील मुनब्बर, बागेश्री चक्रधर, डॉ. कीर्तिकाले, कुंवर जावेद, डॉ सरिता शर्मा, गजेन्द्र सोलंकी, मधुमोहिनी उपाध्याय, चिराग़ जैन, रितू गोयल, दिनेश रघुवंशी, मुमताज नसीम, प्राण शर्मा, चरनजीत सिंह 'वसर' के नाम उल्लेखनीय हैं।

हमने हिन्दी व उर्दू रचनाकारों को एक मंच पर प्रस्तुत कर निरन्तर सूखती जा रही गंगा-जमुनी संस्कृति को रचनाओं के अमृत जल से आप्लावित करने का अकिंचन प्रयास किया है। हमने इस बात का विशेष ध्यान रखा है कि हिन्दी-उर्दू का कोई भी प्रतिनिधि कवि-शायर छूट न जाए। फिर भी सम्भव है कि कुछ अच्छे रचनाधर्मी हमारी दृष्टि से ओझल हो गए हों, उन्हें हम अपने दूसरे संकलन में शामिल करने हेतु संकल्पित हैं।

संकलन के रचनाकारों की रचनाएं पढ़कर आप उनसे अन्तर्संवाद करिए और उनकी वाणी का मधुरकंठी स्पर्श महसूस करिए।

मैं उन सभी रचनाकारों का कृतज्ञ हूं, जिनकी अमूल्य रचनाओं से संकलन की श्री वृद्धि हुई है। प्रकाशक श्री नरेन्द्र जी का आभारी हूं कि उन्होंने इस संकलन को प्रकाशित करने का स्वास्तिक संकल्प लेकर मुझे उपकृत किया।

डॉ. सुनील जोगी
kavisuniljogi@gmail.com
www.hasyakavisammelan.com

बिना पिए जो मधुशाला को बुरा कहे, वह मतवाला
पी लेने पर तो उसके मुँह पर पड़ जाएगा ताला
दास-द्रोहियों दोनों में है जीत सुरा की, प्याले की
विश्वविजयिनी बनकर जग में, आई मेरी मधुशाला।

हरिवंशराय 'बच्चन'

सर्द होती हुई बरती के धुएँ के हमराह
हाथ फैलाये बढ़ आते हैं बोझल साए,
कौन पोछे मेरी आँखों के सुलगते आँसू?
कौन उलझे हुए बालों की गिरह सुलझाये?

साहिर लुधियानवी

अय्यामे-गुजिश्ता की निशानी दे दे
कुछ गुंजा ओ शबनम की जुबानी दे दे
माना कि मुसीबत है सरसर लेकिन
इक बार मुझे और जवानी दे दे।

महेन्द्र सिंह बेदी 'सहर'

बाग़ सुन्दर है कि जो सम्मुख खड़ा है
किन्तु माली का नियम थोड़ा कड़ा है
धूल बनने के लिए ही, ज़िन्दगी भर-
कंटकों में फूल को खिलना पड़ा है।

भारत भूषण

एक दो दस का नहीं हर एक का हमराज़ हूँ
बात कहने की दिशा में इक नया अंदाज़ हूँ
दिल या कानों की जगह मस्तिष्क से मुझको सुनें
क्योंकि मैं गायक नहीं हूँ, देश की आवाज़ हूँ।

उदयप्रताप सिंह

कभी शीश, कभी पत्थर कहते हैं
दिल को बेहतर कभी बदतर कहते हैं
खड़े हैं राह में जिनकी अब तक हम
बेवफ़ा वो हमें अक्सर कहते हैं।

अनामिका जैन 'अंबर'

प्यार में वो जाफरानी हो गई
इक मोहब्बत की कहानी हो गई
प्यार के रंग में रंगी तो देखिये
श्याम की मीरा दीवानी हो गई।

राजेश चेतन

जब कि हम बीतते दिन भुलाने लगे
आप फिर से हमें याद आने लगे
ज़ख़्म भी फूल बनकर महकने लगे
आँसुओं के अधर गुनगुनाने लगे।

डॉ. कुंअर बेचैन

वह आदमी जो मेरा घर जलाने आया था
मेरी तरह कोई बेख़ानमा लगा मुझको
जो मेरे बारे में कहते हैं लोग सब सच है
कभी क़रीब से लेकिन न देखना मुझको।

निदा फाज़ली

आगाज़ किया है तो अंजाम भी लिख देना
भेजे हैं कबूतर तो पैगाम भी लिख देना
उम्मीद के जुगनू ले, तेरे शहर में आई हूँ
इक शाम मोहब्बत की, मेरे नाम भी लिख देना।

डॉ सुमन दुबे

प्यार है कर्तव्य, मत अधिकार समझो'
प्यार है पतवार, मत मंझधार समझो
प्यार को तोलो न समता की तुला पर
क्योंकि यह है प्यार, मत व्यापार समझो।

पद्मसिंह शर्मा 'कमलेश'

जब-जब मानव ने ईश्वर के अहसानों का भार जताया
उसने पत्थर को तराश कर मूर्ति रची, मन्दिर बनवाया
मूर्ति बनी, भगवान बन गये, पूजा को आधार मिल गया
उस दिन ईश्वर ने मानव को, अपना भी भगवान बताया।

पार्थसारथि डबराल

कभी-कभी मैं भी सुनता हूँ, चाँद गगन में आता है
और करोड़ों तारों पर कुछ यों ही रौब जमाता है
बरबस हँसना ही पड़ता है, जब मैं यह भी सुनता हूँ
मानव की गलियों में जाते, बेचारा घबराता है।

बालकवि बैरागी

रूप का, रंग का, बाज़ार नहीं होती हैं
भले कमज़ोर हों, लाचार नहीं होती हैं
इन्हें पढ़ना हो तो फिर, पढ़िए आरती की तरह,
लड़कियाँ शाम का अखबार नहीं होती हैं।

डॉ. सुमन दुबे

बैठे-बैठे ही कभी दर्द हुआ करता है
कौन दुखता हुआ उर-घाव छुआ करता है
वो मेरा दोस्त नहीं, सबसे बड़ा दुश्मन है
जो मेरे वास्ते जीने की दुआ करता है।

बालस्वरूप राही

टूटेंगे ये भी साज़ किसी एक दिन ज़रूर
उड़ जाएँगे ये बाज़ किसी एक दिन ज़रूर
शर्बत में ज़िन्दगी के मिलता है ज़हर कौन
समझेंगे लोग राज़ किसी एक दिन ज़रूर।

राजकुमार सैनी

जिससे कहें, सुने हैं जिससे
हल्के बैन, छलकते किस्से
उनकी जानिब से आते हैं
अब सौ दुःख हमारे हिस्से।

भवानी प्रसाद मिश्र

सुख-दुख के चक्करों में घूमती है ज़िन्दगी
मधुबन में बावरी सी झूमती है ज़िन्दगी
माँ-बाप के क़दम को सदा चूमते हैं जो
उनको क़दम-क़दम पे चूमती है ज़िन्दगी।

डॉ. मधुमोहिनी उपाध्याय

जब झगड़ी दौलत झगड़ी है देख लो
दुनिया में सबसे तगड़ी है देख लो
नंगे पांव बिवाई बोली ताज से
सिर पर इज्जत की पगड़ी है देख लो।

पुरुषोत्तम 'प्रतीक'

राह में बढ़ते हुए कारवाँ की बात करो
जो चले साथ उसी रहनुमाँ की बात करो
ख़िजाँ पुरानी पड़ी, कूच कर गया सैयाद
नई बहार, नए बागवाँ की बात करो।

बलवीर सिंह 'रंग'

जानता हूं कि ग़ैर हैं सपने
और खुशियाँ सभी अधूरी हैं
किन्तु जीवन गुज़ारने के लिए
कुछ ग़लत फ़हमियाँ ज़रूरी हैं।

बालस्वरूप राही

साथ है, साजो सामान सब सज गया
पर लगे, मन तेरा, तन तेरा तज गया
दिन हो या रात हो, बस तेरा साथ हो
क्यों घड़ी देखता है, कि क्या बज गया?

बागेश्री चक्रधर

नज़र की जुबाँ जिस घड़ी से खुली है
उसी वक़्त से ही मैं गुम हो गया हूँ
'बढ़ा जा रहा प्यार' कहती है दुनिया
मगर 'आप' से मैं तो 'तुम' हो गया हूँ।

ब्रज किशोर नारायण

जो भी अंगड़ाइयों में दहका है
उसके आँगन में दर्द महका है
राह पत्थर हो, चाहे हो शीशा हो
हर क़दम पर संभल के बहका है।

ब्रजेश भट्ट

पानी से भरी हर नदी, गंगा तो नहीं है
भागे जो दीप से, वो पतंगा तो नहीं है
माना हमारे देश में, झंडे तो बहुत हैं
लेकिन सभी के दिल में, तिरंगा तो नहीं है।

डॉ. सुनील जोगी

दसों दिशा में है सन्नाटा
यह किसने इतना दुख बाँटा
हमने सत् व्यापार किया था
हाथ लगा घाटा ही घाटा।

सरस्वती कुमार 'दीपक'

एक नक़्क़ाश लिये बैठा है रंग और क़लम
और कुछ दूर भिखारी की सदा आती है
भीख देते हुए मासूम हसीना की नज़र
एक मुफ़लिस की जवानी से भी शरमाती है।

सलाम मछली शहरी

दौर हो जाय एक अच्छा है
और हो जाय एक अच्छा है
आरज़ू तो हज़ार हैं लेकिन
ग़ौर हो जाय एक अच्छा है।

मुकुट बिहारी 'सरोज'

मेंहदी, कुमकुम, रोली का त्योहार नहीं होता
रक्षाबन्धन के चन्दन का, प्यार नहीं होता
उसका आंगन एकदम सूना-सूना रहता है
जिसके घर में बेटी का, अवतार नहीं होता।

डॉ. सुनील जोगी

इंसान की सोहबत आदमी चाहता है
ज़िन्दा रहना, ज़िन्दगी चाहता है
दिल है चंगा तो फिर गंवारों से भी
हँसने बोलने को जी चाहता है।

यगाना चंगेज़ी

एक काली डोर में अम्बर घिरा
बंधनों में जीर्ण है सारी धरा
पाँखुरी ने तो बहुत बाँधा मगर
गंध ने माना न कोई दायरा।

रमा सिंह

सब नक़्शे-क़दम छिपा दिये हैं मैंने
सिज़दों के निशाँ मिटा दिये हैं मैंने
जब से देखा है लिबास-ए-आदम में तुझे
लाखों परदे गिरा दिए हैं मैंने।

रविश सिद्दक़ी

दिन के उजेरे में न करो कोई ऐसा काम
नींद जो न आये तुम्हें रात के अँधेरे में
औ रात के अँधेरे में न करो कोई ऐसा काम
मुँह जो छुपाना पड़े दिन के उजेरे में।

राधेश्याम 'प्रगल्भ'

हमने माना कि रूप चोखा है
फिर भी वो मोह का झरोखा है
आज जो है, वो कल नहीं होगा
यानी हर रूप एक धोखा है।

डॉ. उर्मिलेश

रिश्वत से हर दम रुसवाई होती है
खुद के भीतर रोज लड़ाई होती है
उनके बच्चे पढ़कर आगे जाते हैं
जिनके घर में नेक कमाई होती है।

डॉ. सुनील जोगी

गंध मैंने पिया, मदहोश कोई और हुआ
आँख मेरी झँपी, ख़ामोश कोई और हुआ
वाह री पाक मुहब्बत असर तुम्हारा है
चोट मुझको लगी, बेहोश कोई और हुआ।

रामसेवक श्रीवास्तव

नज़ारे नज़र से ये कहने लगे
नयन से बड़ी चीज़ कोई नहीं
तभी मेरे दिल ने ये आवाज़ दी
वतन से बड़ी चीज़ कोई नहीं।

सन्तोषानन्द

कम निगाहों को मैं अंदाज़े-नज़र देता हूँ
बेसहर रात को भी रंगे-सहर देता हूँ
बदगुमाँ मुझसे ख़िज़ाँ है तो ख़फ़ा वीराना
आमदे-फस्ले-बहाराँ की ख़बर देता हूँ।

सरदार जाफरी

रूप का क़द्रदान हो जाए
उम्र तक से अजान हो जाए
जिसको तुम देख लो नज़र भरकर
वो दुबारा जवान हो जाए।

डॉ. उर्मिलेश

कच्ची दीवार हूँ ठोकर न लगाना मुझको
घर की इज़्जत हूँ मैं, गिरने से बचाना मुझको
गांव की मिट्टी हूँ मैं, काम बहुत आऊंगी
शहर में जाके कहीं, भूल न जाना मुझको।

डॉ. सुनील जोगी

साँस का हर सुमन है वतन के लिए
ज़िन्दगी ही हवन है वतन के लिए
कह गयी फाँसियों में फँसी गर्दनें
यह हमारा नमन है वतन के लिए।

कुंवर बेचैन

हृदय का आईना किसको दिखाऊँ
यहाँ सब शक्ल से पहचानते हैं
करूँ निर्यात अपनी आत्मा का
विदेशी मोल इसका जानते हैं।

ओम प्रकाश 'आदित्य'

हसरतों की जहर-बुझी लौ में
मोम-सा दिल गला दिया मैंने
कौन बिजली की धमकियाँ सहता
आशियाँ ख़ुद जला दिया मैंने।

बाल स्वरूप राही

समय लिखेगा जिन कलियों का सोने-सा इतिहास
सुबह-शाम दुहराएगा जिनकी वाणी आकाश
उन कलियों की आँख अभी कुछ भीगी-भीगी है
आएगा तो सही, मगर कुछ देर बाद मधुमास।

मुकुट बिहारी 'सरोज'

एक सा वक़्त किस पे झिलता है
एक बिछुड़े तो एक मिलता है
क्यों मुसीबत से डर रहा है तू
फूल काँटों के बीच खिलता है।

डॉ. उर्मिलेश

ग़म के साये में ज़िन्दगी पल कर
बन सँवरती है, जगमगाती है
रोती रहती है रात-भर शबनम
सुबह फूलों में मुस्कराती है।

उस्मान आरिफ़ नक्शबन्दी

मैं जो रोया तो फूल खिल न सके
दर्द दुनिया का हो न पाया कम
मेरे आँसू न बन सके मोती
मेरे आँसू न बन सके शबनम।

बालस्वरूप राही

हमें भूलने की इजाज़त नहीं है
तुम्हें याद करने की आदत नहीं है
यह आदत तुम्हारी, तुम्हें हो मुबारक
हमें तुमसे कोई शिकायत नहीं है।

ब्रज किशोर नारायण

आँखों को हो सके तो सपनों से तोलियेगा
दिल को भी सिर्फ, अपने दिल से टटोलियेगा
हम सिर फिरे हैं फिर भी यह बात याद रखना
जो हमसे बोलियेगा, तो ढंग से बोलियेगा।

रामावतार त्यागी

न किसी शख़्स के एबो-हुनर से मतलब है
न हादसे में मरा उस बशर से मतलब है
ख़ुशी के साथ ये ग़म को भी बेच देते हैं
मीडिया वालों को अपनी ख़बर से मतलब है।

डॉ. सुनील जोगी

शनि या मंगल से किसलिए डर है
जब कि हर ग्रह यहाँ बराबर है
तू किसी ग्रह से डर रहा है क्यों
सारा आकाश तेरे ऊपर है।

डॉ. उर्मिलेश

फूल-सा कमज़ोर मन है
आयु का तन पर वज़न है
साँस की चलती ऋचाएं-
ज़िन्दगी मोहक हवन है।

शरदेन्दु शर्मा

रेत पर नाम लिखने से क्या फ़ायदा
एक आई लहर कुछ बचेगा नहीं
तुमने पत्थर का दिल मुझको कह तो दिया
पत्थरों पर लिखोगे मिटेगा नहीं।

डॉ. विष्णु सक्सेना

पियाले किसलिये शक़ हो गये हैं
उजाले किसलिए ग़श खा गये हैं
अभी से फस्ले-गुल की इब्तदा थी
अभी से फूल क्यों मुरझा गये हैं।

अब्दुल हमीद 'अदम'

हमने माना कि चूर-चूर हैं हम
अपने सपने से बहुत दूर हैं हम
देखो उम्मीद कुलाचें भरती
कैसे कहता कोई मजबूर हैं हम।

नरेन्द्र सिन्हा

बेपर्दा नज़र आईं जो कल चन्द बीवियां
अक़बर ज़मीं में ग़ैरते-क़ौमी से गड़ गया
पूछा जो उनसे आपका परदा किधर गया
बोलीं वो यों कि अक्ल पे मर्दों की पड़ गया।

अकबर इलाहाबादी

चूमता आषाढ़ की पहली घटाओं को
झूमता आता मलय का एक झोंका सर्द
छेड़ता मन की मुंदी मासूम कलियों को
और ख़ुशबू सा बिखर जाता हृदय का दर्द।

धर्मवीर भारती

हम चमन से बहार ले आए
हम गुलों का दुलार ले आए
रह गई डाल पर वहीं बुलबुल
कंठ में हम पुकार ले आए।

चन्द्र प्रकाश वर्मा

भोर होता है नया सूर्य बुलाने के लिए
साँझ खिलती है किसी चाँद को पाने के लिये
बस इसी भाँति किसी गीत की बेहोशी में
होश खोता हूँ तुम्हें होश में लाने के लिए।

दबे प्रताप नागर

ग़म का डेरा वहाँ नहीं रहता
फिर अँधेरा वहाँ नहीं रहता
दिल से दिल जब कहीं पे मिलते हैं
तेरा-मेरा वहाँ नहीं रहता।

डॉ. उर्मिलेश

आज हँसना है कल को रोना है
जो मिला आज, कल वो खोना है
मत बुज़ुर्गों पे तुम हँसो बच्चो
कल तुम्हें भी बुज़ुर्ग होना है।

डॉ. उर्मिलेश

डरना हो तो एक बंदी से डरना
करना हो तो कुछ काम अच्छे करना
जीना हो तो कुछ भलाई करके जीना
मरना हो तो नेक काम करके मरना।

बनवारी लाल 'शोला'

सम्मान मिले हैं तो अपमान मिलेंगे ही,
प्रत्येक प्रातः संध्या को न्यौत बुलाता है
पर जो काली रातों का ज़हर पचा जाये
वह ही शिवशंकर महादेव कहलाता है।

बलदेव प्रसाद मिश्र

न आज लुत्फ़ कर इतना कि कल गुजर न सके
वो रात जो कि तेरे गेसुओं की रात नहीं
ये आरजू भी बड़ी चीज है, मगर हमदम
विसाल-ए-यार फक़त, आरज़ू की बात नहीं।

फ़ैज़ अहमद -फ़ैज़'

मैं अकेला ही चला था जानिबे-मंज़िल मगर
लोग साथ आते गये और कारवाँ बनता गया
मैं तो जब मानूँ कि भर दे सागरे-हर-ख़ासो-आम
यूँ तो जो आया वहीं पीरे-मुग़ाँ बनता गया।

मजरुह सुल्तानपुरी

जाते-जाते सुधि का दीप बाल जाते हो
मन पर इन्द्रजाल-सा मगर डाल जाते हो
और तुम्हारी यह आदत है बहुत पुरानी
बात-बात में मेरी बात टाल जाते हो।

भूपेन्द्र कुमार स्नेही

उनसे मिलने की आरज़ू पै हम
करवटें ले रही हैं सीने में
आमद-ए-ईद की हसीन उमीद
जैसे रमज़ान के महीने में।

प्रकाशनाथ परवेज़

संस्कारों की संहिता कहिए
पुत्र की उसको अस्मिता कहिए
जिससे कोई उऋण हुआ ही नहीं
ऐसे वरदान को पिता कहिए।

डॉ. उर्मिलेश

देवता है कोई हममें, न फरिश्ता कोई
छू के मत देखना, हर रंग बिखर जाता है
मिलने जुलने का सलीक़ा है ज़रूरी वरना
आदमी चन्द मुलक़ातों में मर जाता है।

निदा फाज़ली

आरजू-ए-शराब ले आई
हुस्न की आबो ताब ले आई
कौन अपनी ख़ुशी से आया है
मुझको क़िस्मत जनाब ले आई।

नैरंग सरहदी

दहर में हम वफ़ा शआरों को
दोस्ती के भरम ने मार दिया
दुश्मनों से तो बच गए लेकिन
दोस्तों के करम ने मार दिया।

नरेश कुमार शाद

जन-जन अपनी भूख लिये मन्दिर के आगे खड़े हुए हैं
पत्थर बनकर मन्दिर में भगवान शर्म से गड़े हुए हैं
मानव अपनी व्यथा सुनाते, ईश्वर अपनी किसे सुनाएं
किसे पता ईश्वर भी भूखे पेट बाँधकर पड़े हुए हैं।

पार्थसारथि डबराल

जन्म से ही अमर व्यास है ज़िन्दगी
प्यास की आख़िरी साँस है ज़िन्दगी
मौत ने ही जिसे बस निकाला यहाँ
उंगलियों में फँसी फाँस है ज़िन्दगी।

कुंअर बेचैन

मुहब्बत खुद-ब-खुद इक रोज, दिल का साज़ बन जाती
अगर दिल की हर इक धड़कन, तेरी आवाज़ बन जाती
सदा पी की पपीहा काश, इस अन्दाज़ में देता
कि मुझ तक आते-आते, वो तेरी आवाज़ बन जाती।

एकता शबनम

दिन में पत्नी के ताने सुनूँ
रात मच्छर के ताने सुनूँ
एक ही कान में किस तरह
गालियाँ और गाने सुनूँ।

ओमप्रकाश 'आदित्य'

दूर मंज़िल है, न यह शाम और ढल जाये
बह के पाँवों को न यह रह गुज़र निगल जाये
प्यार तो कर लूँ, मगर ऐसा न हो जाय कहीं
तेरी 'मासूमियत' अंन्दाज़' में बदल जाये।

किशन सरोज

एक ऐसा वक़्त भी आता है चाँदनी रात में
मेरा दिमाग़ मेरा दिल कहीं नहीं होता
तेरा ख़याल भी ऐसा निखर के आता है
तेरा विसाल भी इतना हसीं नहीं होता।

क़तील शिफ़ाई

खेलने जब से लगे हैं, हाथ में कुछ मसख़रों के
आदमी से बदलकर हम झुनझुने भर रह गए हैं
अब हमारे द्वार पर आकर न देना कोई दस्तक
चौखटों से किवाड़ों तक बढ़े इतने फासले हैं।

ओमप्रकाश 'निर्मल'

सारे प्रश्नों के हल नहीं होते
हर समय सुख के पल नहीं होते
मुझको पत्थर दिखा के क्या लोगे
सूखे पेड़ों में फल नहीं होते।

डॉ. उर्मिलेश

फिर जीस्त कहाँ ग़म को जो पाला जाये
पीकर उसे टाल, जैसे टाला जाये
तू कोई ख़जाना तो नहीं है नादान
जो दाब के फिर तुझको निकाला जाये।

उमर ख़ैयाम

जन्म का तर्जुमा जनाज़ा है
दिल मगर फूल जैसा ताज़ा है
मैं तो नज़रें मिलाना छोड़ भी दूँ
क्या करूँ उम्र का तकाज़ा है।

सन्तोषानन्द

ऐ अँधेरों को पूजने वालों
अब परस्तिश करो उजालों की
आज दुनियां अमल की दुनिया है
आज दुनियां नहीं ख़यालों की।

सरदार होशियारपुरी

हो आँखों में कोई तस्वीर तो अरमां मचलते हैं
जवाँ होती है जब धड़कन दिलों में ख्वाब पलते हैं
बुझाना मत कभी उम्मीद के बुझते चराग़ों को
हो सच्चा प्यार गर दिल में, तो पत्थर भी पिघलते हैं।

गजेन्द्र सोलंकी

सुख-दुःख के चक्र में ही घूमती है ज़िन्दगी
खुशियों में बावरी सी झूमती है ज़िन्दगी
माता-पिता को हर क़दम पे पूजते हैं जो
उनको क़दम-क़दम पे चूमती है ज़िन्दगी।

मधुमोहिनी उपाध्याय

मैं रहूँ या ना रहूँ मेरा पता रह जाएगा
शाख पर यदि एक भी पत्ता हरा रह जाएगा
मैं भी दरिया हूं मगर सागर मेरी मंज़िल नहीं
मैं भी सागर हो गया तो मेरा क्या रह जाएगा।

राजगोपालसिंह

मैं भी आँखों में ख्वाब रखती हूँ
अपनी पलकों पे आब रखती हूँ
बिन तेरे कैसे कटा है ये सफ़र
हर थकन का हिसाब रखती हूँ।

रितू गोयल

दूरियां दिल की मिटाकर देखिएगा
दो घड़ी नज़दीक आकर देखिएगा
आपको भी हर कोई अपना लगेगा
बस उसे अपना बनाकर देखिएगा।

शंभू शिखर

मन तो मेरा भी करता है प्यार-प्यार के गीत लिखूँ
यौवन पर बहने वाली, उस मस्त फुहार के गीत लिखूँ
पर गीतकार को दिल में चुभता तीर दिखाई देता है
जब कलम हाथ में आती है, कश्मीर दिखाई देता है।

शमशेर बहादुर सिंह

अपने संगीत से पत्थर न पिघले न सही
बावरा मैं भी हूँ संगीत में, बैजू की तरह
पहले मैं कहता था आज सब लोग कहते हैं
बजता हूं मैं संगीत में घुंघरू की तरह।

रवीन्द्र जैन

ज़माने में सभी को तो सभी हासिल नहीं मिलता
नदी की हर लहर को तो, सदा साहिल नहीं मिलता
ये दिलवालों की दुनियां है, अजब है दास्तां इसकी
कोई दिल से नहीं मिलता, किसी से दिल नहीं मिलता।

श्रावण राही

दिल की पुकार दूरियों से कम नहीं होतीं
आँखें यूं बेवज़ह कभी भी नम नहीं होतीं
आते न मेघ की तरह जीवन गगन में तुम
मेरी हृदय धरा पे छमा-छम नहीं होती।

रितू गोयल

मोहब्बत भी अजूबी बोलती है
रियाकारों की तूती बोलती है
ज़माना बेरहम है, कुछ भी बोले
गिला ये है कि तू भी बोलती है।

सागर त्रिपाठी

कर्ज़ रो-रो के भरा उम्र की सब किश्तों का
और सम्मान किया वक़्त के सब रिश्तों का
फिर भी कुछ मुझमें कमी है तो न गाली दो मुझे
आदमी टूटा हुआ ख़्वाब है फ़रिश्तों का।

गोपालदास 'नीरज'

आशा और विश्वास चाहिये
जीवन में मधुमास चाहिये
दिन गिनती करने से क्या है
पिया मिलन की प्यास चाहिये।

राजेश चेतन

हम समन्दर के साथ गाते हैं
हम बवण्डर में घर बनाते हैं।
ठण्ड लगती है जब पहाड़ों को
बीनकर बिजलियाँ जलाते हैं।

चन्द्र प्रकाश वर्मा

दुनिया में यश के हाथों से मुझे भले चंदन मिल जाए
बिन माँगे मोती मिल जाए, बिन चाहे कंचन मिल जाए
लेकिन यश, सुख, वैभव, मुझको सब काँटे जैसे लगते हैं
बिना तुम्हारे स्वर्ग मुझे ज्यों अंधे को दर्पण मिल जाए।

उदय प्रताप सिहं

या बदचलन हवाओं का रुख मोड़ देंगे हम
या खुद को वाणी पुत्र कहना छोड़ देंगे हम
जिस दिन भी हिचकिचाएंगे लिखने में हक़ीकत
क़ाग़ज़ को फाड़ देंगे, कलम तोड़ देंगे हम।

डॉ. शिवओम अम्बर

हम आपकी नज़र में नाकाम लोग हैं
चिपटे हुए ज़मीन से हम आम लोग हैं
ईमान पर हमारे शक होना चाहिए
शायर हैं हम जहान में बदनाम लोग हैं।

रामावतार त्यागी

तूने तो जिस्म को ही बेंचा है
एक फाक़े को टालने के लिए
लोग यज़दाँ को बेच देते हैं
अपना मतलब निकालने के लिए।

नरेश कुमार शाद

प्रेम की गर कोई भी निशानी न हो
ऐसी मीरा ही क्या, जो दीवानी न हो
ये ग़ज़ल गीत लिखने से क्या फायदा
तेरी-मेरी जो इनमें कहानी न हो।

अनामिका जैन 'अंबर'

ना पटाखे, ना दीवाली की मिठाई आएगी
ना किसी मेहमान की, ख़ातिर मलाई आएगी
बाद में मेरी क़लम की, रौशनाई आएगी
पहले मां बीमार है, उसकी दवाई आएगी।

डॉ. सुनील जोगी

न हो फूलों की कीमत, तो कहीं उपवन नहीं मिलते
जो मन ही हो मरुस्थल तो कहीं सावन नहीं मिलते
कि जिसके दिल में ईश्वर की कहीं मूरत नहीं कोई
उसे पत्थर ही दिखते हैं, कहीं दर्शन नहीं मिलते।

अनामिका जैन 'अंबर'

आप आए हैं तो बैठें, ज़रा आराम करें
सिलसिला बात का, चलता है तो चल पड़ता है
आपकी याद में खोया हूँ, अभी चुप रहिए
बात करने से ख़यालों में ख़लल पड़ता है।

बालस्वरूप राही

राधा जैसी चाहत हो तो, श्याम यहां मिल जाते हैं
ताजमहल भी बिकता हो तो, दाम यहां मिल जाते हैं
सदा अहिल्या सी नारी को, पत्थर बनना पड़ता है
सीता जैसी नारी हो तो, राम यहां मिल जाते हैं।

डॉ. सुमन दुबे

रंग कुछ और ही चढ़ा होता
इक नया आचरण गढ़ा होता
तुमने गोकुल की गोपियों से अगर
प्रेम का व्याकरण पढ़ा होता।

डॉ. सरिता शर्मा

जीने के सिर्फ़ एक बहाने में मर गए
हम ज़िन्दगी का बोझ उठाने में मर गए
अच्छा था घर की आग बुझाने में मरते हम
अफ़सोस अपनी जान बचाने में मर गए।

डॉ. नवाज़ देवबन्दी

यहां हर दिन सिसकना है, यहां हर रात गाना है
हमारी ज़िन्दगी क्या इक तवायफ़ का घराना है
बहुत मज़बूर होकर, गीत रोटी के लिखे हमने
तुम्हारी याद का क्या है, इसे तो रोज़ आना है।

डॉ. कुमार विश्वास

सबकी आँखों में इक समन्दर है
कितना धुंधला हर एक मंज़र है
हँस रहा आदमी बस बाहर से
सच तो कुछ और है जो अन्दर है।

रितू गोयल

हवा में जब कभी उनकी छुअन महसूस होती है
भरे ज़ख़्मों में भी बेहद दुखन महसूस होती है
मुनासिब फासला रखना भले रिश्ता हो कैसा भी
बहुत नज़दीकियों में भी घुटन महसूस होती है।

मंगल नसीम

यूं तो जीवन में बस खार ही खार है
फिर भी लगता मुझे इक ये उपहार है
ग़म मिले सुख मिले, चाहे कुछ भी मिले
मेरे दामन में तो प्यार ही प्यार है।

रितू गोयल

सभी ग़मों को ग़ज़ल का मुकाम देता है
खुदा सभी को कहां ये इनाम देता है
वो जिसकी एक-एक सांस जैसे मिसरा हो
वही जहां को मुकम्मल क़लाम देता है।

चिराग जैन

साथ तेरा मिला तो मुहब्बत मेरी
दिल के क़ाग़ज़ पे उतरी ग़ज़ल हो गई
तुमने हँस के जो देखा मेरी ज़िन्दगी
झील में मुस्कराता कँवल हो गई।

देवमणि पांडेय

हर ज़िन्दगी का साथ निभाती है मुहब्बत
आँखों से दिल की बात बताती है मुहब्बत
दुनियां में यूं तो सबके दिल हैं अलग-अलग
दो दिल को फिर भी एक बनाती है मुहब्बत।

देवमणि पाण्डेय

तार से तार हम दिल के यूं जोड़ दें
दुश्मनी को भी हम, प्यार का मोड़ दें
आज है कल न हो, पल की किसको ख़बर
जो हुआ सो हुआ, सोचना छोड़ दें।

रितू गोयल

वो जिसके जो भी हों मनसूबे अपने पास रखे
जो नेक नाम है, बदनाम हो नहीं सकता
यहां की मिट्टी तो सबको गले लगाती है
यहां तो ख़तरे में इस्लाम हो नहीं सकता।

कुँवर जावेद

सिर्फ़ मतलब के लिए हर चाल चलना पाप है
हर दफ़ा दर देखकर मज़हब बदलना पाप है
पाप का दिल से निकल, हरक़त में आना ज़ुर्म है
ज़ुर्म का भीतर ही भीतर दिल में पलना पाप है।

चिराग जैन

फिर उठे तूफान हर रुख से
मैं नहीं डरता किसी दुख से
और सुख की बात ही क्या है
वह चला जाये बड़े सुख से।

राधेश्याम 'प्रगल्भ'

मेरी आँख नम है, ये प्यासी नहीं है
शिकायत भी तुमसे ज़रा सी नहीं है
कोई याद आया तो भर आई आँखें
तुम्हारे लिए ये उदासी नहीं है।

वाहिद अली 'वाहिद'

जैसे सूखा ताल, बच रहें या कंकड़ या कुछ काई
जैसे भीड़ भरे मेले में, चलने लगे साथ तन्हाई
तेरे बिन मैंने जीवन का हर क्षण जिया, मगर ऐसे ही
जैसे सिफरों की क़तार, बाक़ी रह जाये बिना इकाई।

रमेश गौड़

बहुत नुक़सान होता जा रहा है
शहर सुनसान होता जा रहा है
ये कैसी आग सी दिल में लगी है
ये राजस्थान होता जा रहा है।

तहसीन मुनव्वर

पुख़्ता हैं जनाबे शेख़ हम हैं कच्चे
इतना तो बतायें वह अगर हैं सच्चे
क्या पिछले जनम में थे ख़ुदा के दुश्मन
ये भूख से एड़ियाँ रगड़ते बच्चे।

साग़र निज़ामी

ये इन्साँ फूल भी है, खार भी है
ये इन्साँ मोम भी, तलवार भी है
हर एक दिल पर इसी की है हुकूमत
इसी से इक जहां बेज़ार भी है।

साबिर जबलपुरी

जो लिखता हूं, कम लिखता हूं
आँख हुई जब नम लिखता हूं
एक डायरी दिल के अन्दर
जिस पर सिर्फ सनम लिखता हूं।

वाहिद अली 'वाहिद'

रात फुरक़त की कट गई होती
दिन जुदाई का कट गया होता
तूने पलटा न रुख़ मोहब्बत का
वर्ना पाँसा पलट गया होता।

सरशार होशियार पुरी

यों तो हर दिल किसी दिल पे फ़िदा होता है
प्यार करने का मगर तौर जुदा होता है
आदमी लाख संभलने पै भी गिरता है, मगर
झुक के जो उसको उठा ले वो खुदा होता है।

रामानन्द दोषी

दिल में मेरा मुमताज़ का अरमान रह गया
मैं ताजमहल देख के हैरान रह गया
दुनिया की भागदौड़ में हम भूल ही गए
दिल में किसी के प्यार का तूफ़ान रह गया।

तहसीन मुनव्वर

भले होली, दीवाली, तीज की ख़ुशियाँ मनाना तुम
भले ही क़ामयाबी के, नये सपने सजाना तुम
अगर जो चाहते हो, वो गुलामी फिर से न आए
मिटे जो देश की ख़ातिर, नहीं उनको भुलाना तुम।

गजेन्द्र सोलंकी

मैं हूँ इक फूल पाक़ीज़ा मैं ख़ुशबू हूं वफ़ाओं की
नहीं परवाह अब मुझको ज़माने की ज़फ़ाओं की
मुझे नापाक नज़रें इसलिए भी छू नहीं सकतीं
मेरे सिर पे है इक चादर, मेरी मां की दुआओं की।

ख़ुशबू शर्मा

प्यार शीतल भी है शीत की घाम है
है वसन्ती हवा, फागुनी शाम है
प्यार मीरा है राधा का घनश्याम है
प्यार गंगा सा पावन परम धाम है।

मधुमोहिनी उपाध्याय

तमन्ना कोई दिल में हो सरे बाज़ार मत करना
हो नफ़रत भी अगर दिल में ज़ुबां से वार मत करना
है इक बाज़ार ये दुनियां, यहां हर चीज़ बिकती है
अगर हो प्यार तुमको, प्यार का व्यापार मत करना।

गजेन्द्र सोलंकी

हम अपने ख़याल को सनम समझे थे
अपने को ख़याल से भी कम समझे थे
होना था – समझना न था कुछ भी 'शमशेर'
होना भी कहां था वह जो हम समझे थे।

शमशेर बहादुर सिंह

अश्रु जम जाते हैं इक दर्द के पिघलने पर
शाम घिर आती है जैसे कि दिन के ढलने पर
रात वीरान में कुछ और भी लगती गहरी
दूर बस्ती में कोई एक दीया जलने पर।

शरदेन्दु शर्मा

चाँदनी की कहीं सरकार नहीं होती है
फूल के हाथ में तलवार नहीं होती है
जीत होती न कभी युद्ध के मैदानों में
प्यार की हार कभी हार नहीं होती है।

गुलाब खण्डेलवाल

हर बुत के लिए कब तई मरते रहिये
कब तक यह कुफ़्र दिल में भरते रहिये
ऐ दर्द जो कुछ कि ज़िन्दगी बाक़ी है
अल्लाह को अपने याद करते रहिये।

ख़्वाजा मीर दर्द

सच कहूं क्या ये ज़िन्दगानी है
रमता जोगी है, बहता पानी है
फिर जो तुम हो, कि मैं हूं, कोई हो
एक भूली हुई कहानी है।

केशव पाठक

खेत में तह पड़ा हुआ है दिन
सीढ़ियों पर खड़ा हुआ है दिन
तुमने वादा किया था आने का
खिड़कियों पर चढ़ा हुआ है दिन।

कुमार शिव

रात-ही-रात में इतिहास बदल जाता है,
बात-ही-बात में मधुमास बदल जाता है।
अपनी बाहों में भरोसा जो तुम कर लो,
ये तो धरती है, आकाश बदल जाता है।

बलबीर सिंह 'रंग'

तन को बहुत संवार लिया हमने
धन का सहेज अम्बार लिया हमने
जो गई, गई अब तो भीतर झाँके
मन का कितना श्रृंगार किया हमने?

आनन्द मिश्रा

इस नाम की ज़िन्दगी में, कुछ जान तो हो
गर बन न सके फरिश्ता इंसान तो हो
नेकी न हुई, न हो बदी भी तो न कर
सूफ़ी न हुआ न हो, मुसलमान तो हो।

'अमज़द' हैदराबादी

पंछी यह समझते हैं, चमन बदला है
हँसते हैं सितारे, कि गगन बदला है
श्मशान की खामोशी मगर कहती है
है लाश वही, सिर्फ क़फन बदला है।

उदयभानु 'हंस'

तिनका है बशर–मौजे फ़ना के आगे
चलती नहीं कुछ उसकी क़जा के आगे
क्या चीज़ है मौत, आ बताऊँ तुझको
इंसान की शिकस्त है खुदा के आगे।

त्रिलोक चन्द महरूम

चाहे सूखा गुलाब दे देते
गालियां बेहिसाब दे देते
उम्र भर देखते न सूरत पर
मेरे ख़त का जवाब दे देते।

डॉ. विष्णु सक्सेना

खाने का मज़ा – फ़क़त ज़बानी निकला
बाक़ी सामान ऐशे–फानी निकला
चाहा था कि हाथ धोएँ दुनिया से 'दबीर'
इतना भी न इस कुएँ से पानी निकला।

दबीर लखनवी

लोग बेचैन थे चाँद के वास्ते
सब थे छत पे चढ़े आस्मां ताकते
चाँद कमरे में था हमने छू भी लिया
ईद भी मिल लिए हाँफते–कांपते।

तहसीन मुनव्वर

सच्चाई पर सफ़ेदी पुत रही है
सुहागा कोयलों पर चढ़ गया है
न तुम पीछे पड़ो इंसानियत के
ज़माना बहुत आगे बढ़ गया है।

ओम प्रकाश 'आदित्य'

मिट न पायेगा भाग्य लेखा है
रात सपना भी ऐसा देखा है
लोग कहते हैं भूल जाओ उसे
जब कि हाथों में उसकी रेखा है।

डॉ. विष्णु सक्सेना

छाँव देते, हवाएँ देते हैं
पंछियों को सराएँ देते हैं
पेड़ बनकर हमें हमारे बुज़ुर्ग
ज़िन्दगी की दुआएँ देते हैं।

डॉ. उर्मिलेश

रूप की चाँदनी में नहाता रहा
वो तिमिर में कहीं जगमगाता रहा
प्यार की उँगलियों से ज़रा छू लिया
देर तक आईना गुनगुनाता रहा।

कुंअर बेचैन

ढंग अपना जुदा हो गया है
क्योंकि बन्दा खुदा हो गया है
बात करता है इंसानियत की
'रंग' को जाने क्या हो गया है।

बलबीर सिंह 'रंग'

हर समय उनका मान रखता है
हर जगह ऊँची शान रखता है
जो बुज़ुर्गों का ध्यान रखते हैं
उनका ईश्वर भी ध्यान रखता है।

डॉ. उर्मिलेश

दुनिया को हक़ है वह अपने पथ में विचरे
मुझको भी हक़ है मस्त रहूं निज मस्ती में
अपने-अपने मन का सौदा सब लेते हैं
बाज़ार बड़े हैं ईश्वर की इस बस्ती में।

बलदेव प्रसाद मिश्र

पंडत जी घूँट ले के कहते हैं
कड़वी है जाने कैसे पीते हो
मैं ये कहता हूँ, यार जीना तो
इससे भी तल्ख़ है, तो जीते हो।

मासूम शेरघाटवी

वहम, अन्देशा और मायूसी
कभी फूले-फले हों याद नहीं
कुछ तरक्क़ी वह कर नहीं सकता
जिसको अपने पे ऐतिमाद नहीं।

उस्मान आरिफ़ नक्शबन्दी

जो मेरे दोस्तों में शामिल है
हाँ वही शख़्स मेरा क़ातिल है
और कुछ भी नहीं है ये दुनिया
धोखे बाज़ों की एक महफ़िल है।

डॉ. उर्मिलेश

दर्द दिल से गया न फाँस ही गई
प्यार गया कि बावरी आस भी गई
कि मरुस्थल में भटकती नदिया-सी
मेरी ज़िन्दगी को प्यास पी गई।

होशियार सिंह चौहान

जो बस्तियों में उजालों की किरन लाते हैं
वो कभी होली, दीवाली नहीं मनाते हैं
यही बहुत है कि घर के चिराग़ जल जायें
ग़रीब लोग पटाखे नहीं जलाते हैं।

डॉ. सुनील जोगी

तू मेरी जान, मुझे है हरतो-हसरत से न देख
हममें कोई भी यहां नूरो-जहाँगीर नहीं
तू मुझे छोड़ के ठुकरा के भी जा सकती है
तेरे हाथों में मेरे हाथ हैं, जंजीर नहीं।

साहिर लुधियानवी

हर समय तो व्यथा नहीं होती
एक-सी ऋतु सदा नहीं होती
ज़ख़्म ऐसे भी लोग देते हैं
जिनकी कोई दवा नहीं होती।

डॉ. उर्मिलेश

दर्द छोटी-बड़ी लकीर नहीं
ये है चन्दन कोई अबीर नहीं
इसकी जागीर सँभाले रहिये
ये है राजा कोई फ़क़ीर नहीं।

ब्रजेश भट्ट

शौक से हुस्ने-जवाँ का लुत्फ लो
नर्गिसी आँखों से मय जमकर पियो
बाद क्या है मौत का सन्नाटा है
ज़िन्दगी में ख़ूब जी भर कर जियो।

उस्मान आरिफ़ नक्शबन्दी

इंसान क्या जिसमें कि स्वाभिमान नहीं है
वो गीत क्या जिसमें कि कोई तान नहीं है
मंदिर की मूर्तियों से दुआ मांगने वालो
मां बाप से बढ़ के कोई भगवान नहीं है।

डॉ. सुनील जोगी

धन से यारी वहाँ नहीं चलती
लूट मारी वहाँ नहीं चलती
जिस जगह प्यार का बसेरा हो
होशियारी वहाँ नहीं चलती।

डॉ. उर्मिलेश

वह तेज़ ज़बाँ, वह खुशबयानी न रही
कैफ़ियत बाग़े-ज़िन्दगानी न रही
देखा भी न हमने, ख़्वाबे-ग़फ़लत में तुम्हें
अब आँख खुली, जब कि जवानी न रही।

रशीद लखनवी

कान तक पहुँचे नहीं जो राज़ हूँ
ओंठ तक जो रुक गए अल्फाज़ हूँ
शोर से हटकर ज़रा मुझको सुनो
असलियत की एक चुप आवाज़ हूँ।

राजकुमार सैनी

ज़िन्दगी दास्तान है प्यारे
सांस उसका बयान है प्यारे
नन्हीं चिड़िया के पंख कहते हैं
हर जगह आसमान है प्यारे।

डॉ. सुनील जोगी

जो भी होता है आप होता है
आदमी की बिसात कुछ भी नहीं
मैं जो अक्सर उदास रहता हूँ
बात ये है कि बात कुछ भी नहीं।

बालस्वरूप राही

नये दर्द हमने पुराने बनाये
पुरानी कसक में नये गीत गाये
जिन्हें कुछ न भाया हमारा तरन्नुम
उन्हीं बुलबुलों ने तराने चुराये।

गोपाल सिंह नेपाली

तम से लिपटा प्रकाश देखा है
आँसुओं में सुहास देखा है
जब भी देखा है ज़िन्दगी को तो
मौत के आसपास देखा है।

चन्द्रसेन विराट

देवता कोई भी हो शीश झुकाता हूँ मैं
अपनी आदत से विवश, अपने को पाता हूँ मैं
और जब कोई कहीं भी नहीं मिल पाता है
पथ के पत्थर को महादेव बनाता हूं मैं।

निरंकार देव सेवक

होते नहीं हैं गुल भी जवां अब बहार में
लगता है फर्क आ गया, मौसम के प्यार में
कैसी हवायें चल पड़ीं जो सोचते हैं खेत
अब खो न जायें गांव भी शहरी बाजार में।

अनामिका जैन 'अम्बर'

स्वार्थ में डूबे हुए रिश्तों के दरमियां
ज़िन्दगी बेहद अकेली हो गई
अब भला विश्वास मैं किस पर करूँ
जब राम की गंगा भी मैली हो गई।

देवमणि पांडेय

वही जीने की सूरत आज भी है
मुझे तेरी ज़रूरत आज भी है
कभी गुज़रा न खुशियों की गली से
मुझे अपने पे हैरत आज भी है।

ज़फ़र रज़ा

जवानी चाँद पर आई हुई मालूम होती है
हवा भी आज अलसाई हुई मालूम होती है
दबी झीनी, गुलाबी, रेशमी मुस्कान होठों में
किसी की आँख शरमाई हुई मालूम होती है।

रामकुमार चतुर्वेदी

हम तेरी शरारत का, अन्दाज़ समझते हैं
अंजाम से वाक़िफ हैं, आगाज़ समझते हैं
वो शाहजहां खुद तो, बन सकते नहीं लेकिन
जो लोग मुझे अपनी, मुमताज़ समझते हैं।

डॉ. सुमन दुबे

आदमी मोम है, दुख-दर्द में पिघलता है
आदमी आग है, सूरज की तरह जलता है
आदमी, जो कि मुहब्बत में सिर झुका देता
उसकी नफ़रत से खुदा तक का दिल दहलता है।

राम सेवक श्रीवास्तव

गीत है आँसुओं से भरी गागरी
प्यार की पाँखुरी दर्द की बाँसुरी
बीच से ही इसे आप मत तोड़िए
गीत है प्रीत की एक अन्त्याक्षरी।

डॉ. कुंवर बेचैन

दर्द का दिल में कोई रतन रख लिया
गीत गा-गा के दुनिया का मन रख लिया
इस क़दर मुझको कांटे चुभाये गये
नाम हमने भी अपना, सुमन रख लिया।

डॉ. सुमन दुबे

ज़िन्दगी गुज़री किसी राज़ के साथ
उम्र रोई मगर एतराज़ के साथ
अब तो बस एक ही ख़्वाहिश 'नागर'
मौत आये तो एक अन्दाज़ के साथ।

दवे प्रताप नागर

ग़म अगर उठ के मचल जाये, तो फिर क्या होगा
सब्र का पाँव फिसल जाय तो फिर क्या होगा
मेरे अरमानों की बस्ती को जलाने वालो
यदि लपट तुमको निगल जाय तो फिर क्या होगा।

देवी प्रसाद 'राही'

मैंने हर ग़म ख़ुशी में ढाला है
मेरा हर इक चलन निराला है
लोग जिन हादसों में मरते हैं
मुझको उन हादसों ने पाला है।

नरेश कुमार शाद

बाकी सब पर पाबंदी है इससे बड़े सुभीते हैं
पर उपदेश कुशल बहुतेरे अब सुविधा में जीते हैं
बड़े-बड़े संन्यासी अपने मन के बंद अहातों में
औरों की कमज़ोरी को ज़िंदगी समझकर जीते हैं।

उदय प्रताप सिंह

फ़र्क़ नहीं पड़ता मन्दिर या मधुशाला हो
चरणामृत हो या अंगूरों की हाला हो
अपने लिए ए मीत बराबर दोनों ही हैं
ईश्वर की प्रतिभा हो अथवा मधुबाला हो।

प्राण शर्मा

जिन्हें फर्ज से डिगा न पाया रिश्तों का बन्धन
झूल गये फांसी माथे पर रख माटी चन्दन
भूल न जाना तुम उनके बलिदानों को
कर लें उनको आप सभी शत् शत् वन्दन।

अंजू जैन

याद करने से उसे अब फ़ायदा कुछ भी नहीं
मुझको हर दिन आने वाली हिचकियां कम हो गईं
क्या बताएं किस क़दर, टूटा है दिल का आईना
अब मुहब्बत में मेरी, दिलचस्पियां कम हो गईं।

देवमणि पांडेय

अपने अलावा ग़ौरतलब और कुछ न था
रिश्तों के टूटने का सबब और कुछ न था
बस इक तुम्हारे नाम की हो उभरी हुई लकीर
मेरी हथेलियों को तलब और कुछ न था।

आलोक श्रीवास्तव

कौन समय के इंगित पर इस जग में नचा नहीं
पतझड़ की अनुभवी आँख से, कोई बचा नहीं
क्रूर काल के हाथों से, जो नोंचा नहीं गया
ऐसा कोई फूल प्रकृति ने अब तक रचा नहीं।

उदयप्रताप सिंह

बस छलावे दिखाता रहा रात-दिन
तूने वादे किए जो, उन्हें आ के गिन
मैंने यादों में तुझको लगाया है यों
पत्तियों में लगाई हो ज्यों ऑलपिन।

बागेश्री चक्रधर

सबको बराबर मदिरा का प्याला आयेगा
इक जैसा ही मदिरा को बांटा जायेगा
इसको ज्यादा उसको कम मदिरा ए साकी
मधुशाला में ऐसा कभी न हो पाएगा।

प्राण शर्मा

नींद उचटी तो कुछ सुना मैंने
मन ही मन क्या नहीं गुना मैंने
पाँव कुछ कह के बढ़ गए आगे
पंथ अपना नहीं चुना मैंने।

त्रिलोचन

जब अंधेरे बढ़े रौशनी घट गयी
सामने से हमारे हँसी हट गयी
मौत से तो वो बचकर निकलती रही
ज़िन्दगी साँस की रेल से कट गयी।

डॉ. कुँअर बेचैन

दिल से सौ-सौ दुआएं देकर भी
तुमने दिल को मगर पनाह न दी
कितना तीखा मज़ाक है गोया
रौशनी बख़्श दी, निगाह न दी।

शेरजंग गर्ग

बागवाँ से गुलों की गुज़ारिश न कर
अपने रहमो-करम की यों बारिश न कर
माँगने की मुझे दोस्त आदत नहीं
मौत से ज़िन्दगी की सिफारिश न कर।

श्रवण राही

कुछ गीत मेरे यूँ तो, ज़माने के लिए हैं
ये छन्द, ये सुर-ताल, सजाने के लिए हैं
जो लोग इस वतन के लिए, जां लुटा गए
ये शब्द सुमन उन पे चढ़ाने के लिए हैं।

डॉ सुमन दुबे

प्यास के वास्ते सुराही है
जुर्म के वास्ते सिपाही है
टूटते लोकतंत्र की खातिर
इक अदद पैन और सियाही है।

बागेश्री चक्रधर

बिना साज़ हर राग़, अधूरा सा लगता है
मेंहदी बिना सुहाग, अधूरा सा लगता है
मिलने पर यदि आँखों में, आँसू ना आयें
मुझको वो अनुराग, अधूरा सा लगता है।

वीर सक्सेना

ज़िन्दगी यों ही जिये जाते हैं
चाय पीते हैं, जो मिलता है, उसे खाते हैं
जेलख़ानों में उड़ाते हैं बहुत बे पर की
पेपर पढ़ते हैं, बहस करते हैं, मर जाते हैं।

विश्वम्भरनाथ उपाध्याय

दूर रहूँ तो नींद न आये, पास रहूँ तो जी घबराये
जाने यह कैसा आकर्षण, जो डस ले तो लहर न आये
रात मिलन की और लजाकर कोई ऐसे दीप बुझाये
लगता जैसे एक उजाला, एक उजाले से शरमाये।

रूपनारायण त्रिपाठी

आँसुओं के लिए तरसता हूं
दाग़ धोना भी मेरे बस में नहीं
मुस्कुराने की बात करते हो
अब तो रोना भी मेरे बस में नहीं।

वसीम बरेलवी

तेरे साया कोई पैराइये-इज़हार नहीं
सिर्फ़ वज्दान में इक रंग-सा भर सकती है
मैंने सोचा है तो महसूस किया है इतना
तू निगाहों से फ़कत, दिल में उतर सकती है।

जां निसार अख़्तर

नज़र ने जब से तेरी आरती उतारी है
मेरे हृदय में नदी रौशनी की जारी है
तुम्हारे शहर में आकर भी तुमसे दूर हैं हम
ये एक लम्हा कई साअतों से भारी है।

अनामिका जैन 'अंबर'

मौत सच है मगर ज़िन्दगी देखिए
आग मत देखिए रौशनी देखिए
चांद को देखना हो अगर आपको
दाग़ मत देखिए, चाँदनी देखिए।

रितु गोयल

निहत्थे लोग भी जंगल में शाम करते हैं
तो गाय-बैल के घर शेर काम करते हैं
ये शिव के होने का सबसे बड़ा नमूना है
कि मोर सांप को झुककर सलाम करते हैं।

कुँवर जावेद

इश्क़ है रिश्ता दिलों का, इक हसीं पैग़ाम का है
जो किसी का हो गया है, ये उसी के नाम का है
आशिक़ी मुश्किल नहीं है, रिस्क इसमें है मगर
प्यार में टूटे नहीं तो दिल भला किस काम का है।

देवमणि पांडेय

हर तरह की वासना से हीन पल
अब कहाँ मिलते हैं वो शालीन पल
दिल में रोशन रख उमीदों के चिराग़
छू न पाएंगे तुझे ग़मगीन पल।

चिराग जैन

हरेक धर्म का बस मूल बांटने का है
तिलक के वास्ते गो-धूल बांटने का है
यहां की मिट्टी में ख़ुशबू की खेती होती है
यहां रिवाज तो बस फूल बांटने का है।

कुंवर जावेद

अपने दामन को तार-तार कर लिया मैंने
प्यार अहसास था अख़बार कर लिया मैंने
जिसने दुनिया में कभी कोई सच नहीं बोला
उसके वादों पे ऐतबार कर लिया मैंने।

डॉ. सुनील जोगी

ग़मज़दा आँखों का पानी एक है
और ज़ख़्मों की निशानी एक है
हम व्यथाओं की कथा किससे कहें
आपकी मेरी कहानी एक है।

देवमणि पाण्डेय

लाख ग़म हों मगर, मुस्कुराओ ज़रा
मुस्कुराते सुमन, मुस्कुराती धरा
आदमी बन गया, दर्द जिसने जिया
आँच पे तप के ही, स्वर्ण होता खरा।

रितू गोयल

जैसे ध्रुवतारा बेवस हो स्याही सागर में घुल जाये
जैसे मुद्दत बाद मिली चिट्ठी भी बिना पढ़ी धुल जाये
तेरे बिन मेरे होने का मतलब कुछ-कुछ ऐसा ही है
जैसे लावारिस बच्चे की आधी रात नींद खुल जाये।

रमेश गौड़

ज़िन्दगी ख़ूबसूरत सनम की तरह
इसको मत देखो दैरो-हरम की तरह
आदमी बन के जीने में क्या हर्ज़ है
क्यों मियां फूट जाते हो बम की तरह।

वाहिदअली 'वाहिद'

जला डाला उसको मगर कब रुका
मोहब्बत का जो था असर कब रुका
बहुत साज़िशें नफ़रतों ने रचीं
मगर दोस्ती का सफ़र कब रुका।

तहसीन मुनव्वर

हैं बन्द मगर देख रही हैं आँखें
सपनों का नगर देख रही हैं आँखें
क़दमों की हर आहट पे चमक उठती हैं
साजन की डगर देख रही हैं आँखें।

मुशीद झिंझानवी

न मुँह छुपा के जिये हम न सर झुका के जिये
सितमगरों की नज़र से, नज़र मिला के जिये
अब एक रात अगर कम जिये तो हैरत क्यों
हम उनके साथ थे जो मशअलें जला के जिये।

साहिर लुधियानवी

ज़िन्दगी मस्तियों में खो जाती
चाक क़्लबो-जिगर के सिल जाते
आप मेरे न हो सके वरना
मुझको दोनों जहान मिल जाते।

हर भगवान शाद

प्यास बुझती ही नहीं है, पी चुका हूँ मैं ज़हर भी,
श्वास के अति पास आकर, चल दिया अन्तिम प्रहर भी,
टूटकर भी दिल न टूटा, हाय, अब तक है धड़कता,
सांस रुकती ही नहीं है, सह चुका जग के क़हर भी।

हरिकृष्ण 'प्रेमी'

मैं उसकी निगाहों का असर देख रहा हूँ
अन्धा है मुहब्बत का सफर देख रहा हूँ
मैं दूर हूँ, तन्हा भी हूँ उसके दयार से,
होता नहीं दीदार मगर देख रहा हूँ।

वाहिद अली 'वाहिद'

दिलों के बीच दूरी से बड़ी दूरी नहीं होती
ग़रीबी से बड़ी कोई भी मज़बूरी नहीं होती
कभी कोई सिकन्दर हो, कि अफलातून ने चाही
तमन्ना हर किसी की, हर समय पूरी नहीं होती।

गजेन्द्र सोलंकी

इश्क़ में न ख़ौफ़ो-ख़तर चाहिए
जान के देने को जिगर चाहिए
शर्त सलीक़ा है हर इक उम्र में
ऐब भी करने को हुनर चाहिए।

मीर तक़ी मीर

ज़िन्दगी में दिन मिले बस चार हैं
कर रहे हम रोज़ ही व्यापार हैं
प्यार जिस दिन हो गया तो मानिए
ज़िन्दगी में रोज ही त्यौहार हैं।

राजेश चेतन

हमने दी है वो ज़माने को मुहब्बत की मिसाल
जिसको तवारीख़ फ़रामोश नहीं कर सकती
हमने आवाज़ उठाई है बग़ावत के ख़िलाफ़
कोई ताक़त हमें ख़ामोश नहीं कर सकती।

मुमताज़

कोई कहता है दुनिया में बड़े धनवान होते हैं
है जिनके बाज़ुओं में दम, बड़े बलवान होते हैं
बड़ा माँ बाप से दुनियां में कोई हो नहीं सकता
ये सच है दोस्तो माँ बाप ही भगवान होते हैं।

गजेन्द्र सोलंकी

मेरी तस्वीर का दीदार करके
वह बैठे होंगे अब सिंगार करके
यह कह कर छेड़ती रहती है दुनिया
बताओ क्या मिला है प्यार करके।

तहसीन मुनव्वर

इस तरह सताया है, परेशान किया है
गोया कि मुहब्बत नहीं, एहसान किया है,
सोंचा था कि तुम दूसरों जैसे नहीं होगे,
तुमने भी वही काम, मेरी जान किया है।

अफजल फिरदौस

जहान में न कर किसी भी बात का गिला
न कर मौत का गिला, न कर मात का गिला
एक घूँट नेह भी जिसने दिया पिला
न कर उसकी विसात का, न जात का गिला।

होशियार सिंह चौहान

प्यास है ओस की बूंदें ही दिये लेता हूँ
रात है देख के तारों को जिये लेता हूँ
तुम नहीं दे सके मिट्टी को भरोसा लेकिन
मैं तुम्हें चाँद की मुस्कान दिये देता हूँ।

शिवमंगल सिंह 'सुमन'

हूँ प्रीत आपकी मैं मेरा प्यार आप हैं
बाँधा है जिसने हमको वही तार आप हैं
छूटा जो साथ आपका, टूटेगा साज़ भी
गुँजन है जिसकी मुझमें, वो सितार आप हैं।

मधुमोहिनी उपाध्याय

यह जो अरसे से मुलाक़ात नहीं की मैंने
गोया दीदार की बारात नहीं की मैंने
ठीक निभ जाये ज़माने की रस्म भी तुमसे
इसलिए तुमसे कोई बात नहीं की मैंने।

शिवबहादुर सिंह भदौरिया

कभी सागर की गहराई में जाने की तमन्ना है
कभी आकाश के तारों को पाने की तमन्ना है
अभी वो सीख न पाया, ज़मीं पे चैन से रहना
सुना है चांद पर भी घर बनाने की तमन्ना है।

गजेन्द्र सोलंकी

अपनी हालत छिपाये जाता हूँ
बेमहल मुस्कुराये जाता हूँ
खुद हूँ महज़ूँ मगर ज़माने को
बेतहाशा हँसाये जाता हूँ।

ख़ुमार बाराबंकवी

कोई तदबीर कारगर न हुई
शबे-देजूर की सहर न हुई
मार डाला तेरे तग़ाफुल ने
मर गये हम तुझे ख़बर न हुई।

कृष्ण मोहन

मालूम नहीं किसी को हालत अपनी
दुनिया से न पूछ ले हक़ीकत अपनी
तू आइना-ए-जमाले-हस्ती है आह
खुद आईना बन के देख सूरत अपनी।

कृष्ण सहाय हितकारी वहशी

कल थे कुछ हम, बन गये आज अनजाने हैं
सब द्वार बन्द टूटे सम्बन्ध पुराने हैं
हम सोच रहे यह कैसा नया समाज बना
जब अपने ही घर में हम हुए वीराने हैं।

गिरिजा कुमार माथुर

द्वार-द्वार लाली के चर्चे, आया नया सवेरा है
महलों में आलोक मगर, कुटियों में तम का डेरा है
दो शब्दों में इस विकास का, सार कहे देता हूँ मैं
गांवों में रोशनी नहीं, तो सारा देश अँधेरा है।

आनन्द मिश्र

इलाही यह तेरा मज़बूर बन्दा
इबादत में सहर तक जागता है
समझ में फिर नहीं आता है इससे,
तेरा दस्ते-कदम क्यों भागता है।

आरिफ़ सहनसारवी

तुम घृणा, अविश्वास से मर जाओगे
विष पीने के अभ्यास से मर जाओगे
ओ बूंद से सागर को लड़ाने वालो
घुट-घुट के स्वयं प्यास से मर जाओगे।

उदयभानु 'हंस'

हम वह हैं, न वह शबाब की बातें हैं
अब हैं भी तो इन्क़लाब की बातें हैं
पीरी में जवानी का बयाँ ऐ आरिफ़
कुछ होश में आओ ख़्वाब की बातें हैं।

आरिफ़ लखनवी

प्यार दशरथ है सहज विश्वासी
जबकि दुनिया है मंथरा दासी
किन्तु ऐश्वर्य की अयोध्या में
मेरा मन है भरत सा संन्यासी।

उदयभानु 'हंस'

यारब मुआफ़ कर मेरे इस हुस्ने-सहू को
यह हुस्ने-सहू, हुस्ने-अक़ीदत की बात थी
मैंने हर एक चीज़ को अपना समझ लिया
मुझको ख़बर न थी, यह तेरी कायनात थी।

अब्दुल हमीद 'अदम'

ओ जीवन के थके पखेरु, बढ़े चलो हिम्मत मत हारो,
पंखों में भविष्य बंदी है, मत अतीत की ओर निहारो
चिंता क्या धरती यदि छूटी, उड़ने को आकाश बहुत है,
जाने क्यों तुमसे मिलने की, आशा कम विश्वास बहुत है।

बलबीर सिंह 'रंग'

ग़ायब बहुत ऐ जाने-जहां रहते हो
मानिन्द नज़र हमसे निहाँ रहते हो
हर चाँद की आँखों में हो तुम, दिल में हो तुम
मालूम नहीं पर कि कहां रहते हो।

अमीर मीनाई लखनवी

मैं साधु से आलाप भी कर लेता हूँ
मन्दिर में कभी जाप भी कर लेता हूँ
मानव से कहीं देव न बन जाऊँ मैं
यह सोचकर कुछ पाप भी कर लेता हूँ।

उदयभानु 'हंस'

बेफ़ायदा क्या है जब्बासाई अच्छी
ताअत में नहीं है खुदनुमाई अच्छी
एक सिज़्दा में ख़ाक कर दिया हस्ती को
हज़रत तुमसे दियासलाई अच्छी।

अमज़द हैदराबादी

आँसुओं, यह बतला दो, क्यों कभी झरनों-सा झरते हो
कभी हो झड़ी लगा देते, कभी बेतरह बिखरते हो
गिर गये जब आँखों से, तब किसलिए उनको भरते हो
निकल आये दिल से तब क्यों फिर जगह दिल में करते हो।

अयोध्या सिंह उपाध्याय 'हरिऔध'

परदे में कली मुस्कराती आयी
आग़ोश में गुल के लहलहाती आयी
अँगड़ाइयाँ लेती हुई जागी हर शाख़
अलबेली बहार गुनगुनाती आयी।

मिर्ज़ा ज़फर अली खान

हर झोंपड़ी आनन्द-विहीना क्यों है
हर आँख में सावन का महीना क्यों है
ऐ देश के धनियो ! यह कभी सोचा है
मज़दूर के माथे पे पसीना क्यों है।।

उदयभानु 'हंस'

यह दुनियां नहीं दिल लगाने के क़ाबिल
वह खुश है यहां जो है मदहोशो-ग़ाफिल
बुझा आतिशे-ग़म को छींटों से मय के
सुलगते ही उठे तो क्या इससे हासिल।

उमर ख़ैयाम

मैं जीने की भूल किये जाता हूँ
औ मरने के प्रतिकूल जिये जाता हूँ
वक़्त आने पै जो बन जाएगी सोना
इन हाथों में वह धूल लिये जाता हूँ।

शेरजंग गर्ग

जब भी किसी का अहदे-वफ़ा याद आ गया
वो दर्दे-दिल उठा कि खुदा याद आ गया
मैं और उनसे तर्के-तआल्लुक, खुदा खुदा
अहसासे-बेखुदी में यह क्या याद आ गया।

एकता शबनम

तुम जो थोड़ा अगर बढ़े होते
मेरी नज़रों में फिर चढ़े होते
भूलकर भी न भूलते मुझको
मेरे ख़त तुमने जो पढ़े होते।

डॉ. विष्णु सक्सेना

संभल-संभल के बहुत पांव धर रहा हूँ मैं
पहाड़ी ढाल से जैसे उतर रहा हूँ मैं
क़दम-क़दम पे टोकता है मुझे दिल ऐसे
गुनाह कोई बड़ा जैसे कर रहा हूँ मैं।

दुष्यन्त कुमार

दिन जो निकला हो तो फिर रात नहीं होती है
जो भी हो बात वो बिन बात नहीं होती है
टीम इंडिया को हमें खुल के बताना होगा
हर एक मैच में बरसात नहीं होती है।

तहसीन मुनव्वर

रहमत का तेरी उम्मीदवार आया हूँ
मुँह ढापे क़फ़न में शर्मसार आया हूँ
चलने न दिया बारे-गुनह ने पैदल
ताबूत में काँधे पे सवार आया हूँ।

दबीर लखनवी

ये जो नदिया के दो किनारे हैं
दरअसल प्यार के ही मारे हैं
फिर किसी मोड़ पर मिलें शायद
झूठी उम्मीद के सहारे हैं।

डॉ. विष्णु सक्सेना

एक आता था, एक जाता था
सिलसिला टूट नहीं पाता था
इस तरह खेली टीम धोनी की
खेलना जैसे नहीं आता था।

तहसीन मुनव्वर

रातों को उठ के रोते हैं तारों की छाँव में
यो सह रहे हैं ग़म कि किसी को ख़बर नहीं
दुनिया में रह के रहते है दुनियां से दूर-दूर
यों जी रहे हैं हम कि किसी को ख़बर नहीं।

उस्मान आरिफ़ बक्शबन्दी

कवि को रोटी न दो पेट भर
वर्ना खाकर वो सो जाएगा
पेट में दर्द पैदा करो
गीत का जन्म हो जाएगा।

ओमप्रकाश 'आदित्य'

कुछ काम नहीं तो नाम कर जाने दे
यारब दुनिया से अब गुज़र जाने दे
मर-मर के जिये जायें कहाँ तक 'फ़ानी'
जीना नहीं मंजूर तो मर जाने दे।

फ़ानी बदायूनी

नित नए ज़ख़्म दिल के सीता हूँ
जीना मुश्किल है फिर भी जीता हूँ
खा न जाये मुझे ग़मे-हस्ती
एहतियातन शराब पीता हूँ।

प्रकाशनाथ परवेज

भूख के जो क़रीब होता है
दरअसल वो ग़रीब होता है
काम धोखा रहा यहाँ जिसका
नाम उसका नसीब होता है।

पुरुषोत्तम 'प्रतीक'

सारी ऋतुओं का त्रास सहती है
पुत्र-चिन्ता में व्यस्त रहती है
एक माँ ही हमारे जीवन में
बन के गंगा सदैव बहती है।

डॉ. उर्मिलेश

वो कहती है, मैं गीतों में चाँद नहीं ला पाता हूँ
और सितारों की दुनिया के इसी पार रह जाता हूँ
क्या समझाऊँ उस पगली को, जिसको ये भी पता नहीं
भार बना मैं जिस धरती पर, गीत उसी के गाता हूँ।

बालकवि बैरागी

उम्र भर का करार है शादी
दो दिलों की बहार है शादी
जिसको छेड़ो तो प्यार ही गूँजे
एक ऐसा सितार है शादी।

डॉ. उर्मिलेश

दिल दिया था अगर खुदा ने तुझे
दिल में ज़ौके-गुनाह भी होता
तू फरिश्ता सिफत सही वाइज
काश तू एक आदमी होता।

नरेश कुमार शाद

हर कशिश प्यार की पहचान नहीं होती है
बेरुखी हर हवा, तूफान नहीं होती है
तुमसे सीखा है यही एक सबक़ मैंने भी
हर नई शक्ल मेहरबान नहीं होती है।

देव प्रताप नागर

कोई श्रृंगार करता है, तो दरपन याद आता है
बियाही लड़कियों को जैसे, सावन याद आता है
वो बारिश में नहाना, धूप में नंगे बदन चलना
पुराने दोस्त मिलते हैं, तो बचपन याद आता है।

डॉ. सुनील जोगी

मयपरस्ती मेरी इबादत है
मैं कभी बेवज़ू नहीं पीता
मैं शराबी तो हूँ मगर भाई
मुफ़लिसों का लहू नहीं पीता।

हरभगवान शाद

मित्र है कौन, कौन भ्राता है
चार दिन का सभी से नाता है
मेरी देहरी की कैसी किस्मत है
जो भी आता है, लौट जाता है।

डॉ. उर्मिलेश

ऐसा है कोई जिससे हुआ हो न गुनाह
ऐमाल से जिसके आशना हो न गुनाह
वह तर्क़े-गुनाह का सबक़ दे मुझको
जिसने कोई दुनिया में किया हो न गुनाह।

सीमाब अकबराबादी

सुख की दीवाली तो तम से ही सदा मनती है
कीचड़ों से ही कमल सारी ज़मीं चुनती है
पुण्य का नाम ही केवल न किताबों में लिखो
कुछ गुनाहों से भी दुनिया हसीन बनती है।

गोपालदास 'नीरज'

कुछ बिखरना बहुत ज़रूरी है
फिर संवरना बहुत ज़रूरी है
ज़िन्दगी क्या है, ये समझने को
प्यार करना बहुत ज़रूरी है।

डॉ. उर्मिलेश

जितनी तहज़ीब है तरक्की पर
आबरू-ए-ध्यान खोती है
मस्जिदों-मन्दिरों की वीरानी
रूहे-आदम को आज रोती है।

उस्मान आरिफ़ नक्शबन्दी

जिसके जीने से जी रहे थे हम
दर्द का दम निकल गया शायद
एक मुद्दत में नींद आई है
मौत का दिल पिघल गया शायद।

बाल स्वरूप राही

जो हँस रहा है, उसे दर्द ने पाला होगा
जो चल रहा है, उसके पांव में छाला होगा
बिना संघर्ष के इन्सां चमक नहीं सकता
जो जलेगा उसी दिए में, उजाला होगा।

डॉ. सुनील जोगी

स्वप्न से कह दो कि वह साकार हो जाये
तार से कह दो कि वह झंकार हो जाये
मैं तुम्हारी सीढ़ियों पर पाँव रखता हूँ
रोब से कह दो कि घुलकर प्यार हो जाये।

राम कुमार चतुर्वेदी

सिंधु होता जा रहा बहरा
और पर्वत और भी गहरा
आचरण देने लगा है अब
और भी ज़्यादा कड़ा पहरा।

राधेश्याम 'प्रगल्भ'

टूटेंगे ये भी साज़ किसी एक दिन ज़रूर
उड़ जाएंगे ये बाज़ किसी एक दिन ज़रूर
शर्बत में ज़िन्दगी के मिलाता है ज़हर कौन
समझेंगे लोग राज किसी एक दिन ज़रूर।

राजकुमार सैनी

लगे है फोन जब से तार भी नहीं आते
बूढ़ी आँखों के मददगार भी नहीं आते
गये है जब से कमाने को शहर में लड़के
हमारे गांव में त्यौहार भी नहीं आते।

डॉ. सुनील जोगी

दिल में नफ़रत है, मगर हँसते हैं
क्योंकि मुस्कान में सब फँसते हैं
इस हँसी को, खरीद ले जो चाहे,
तहज़ीब के भाव आज सस्ते हैं।

गोपाल कृष्ण कौल

मौन को स्वर नहीं बना पाये
स्वर को अक्षर नहीं बना पाये
द्वार, आँगन, छतें बना लीं पर
लोग क्यों घर नहीं बना पाये।

डॉ. उर्मिलेश

सपने हैं घरौंदे कि बिखर जाते हैं
मौसम हैं परिन्दे कि न बँध पाते हैं
तू किसको बुलाता है खड़ा पानी में
गुज़रे हुए दिन लौट के कब आते हैं।

गोपालदास 'नीरज'

सूत्र यह तोड़ नहीं सकते हैं
तोड़ कर जोड़ नहीं सकते हैं
व्योम में जा कहीं भी उड़ जाएँ
भूमि को छोड़ नहीं सकते हैं।

त्रिलोचन

तेरी करनी बनावटी क्यों है?
तेरी कथनी दिखावटी क्यों है?
कथनी करनी में शुद्धता की जगह
मामला ये मिलावटी क्यों है?

बागेश्री चक्रधर

बहुत टूटा बहुत बिखरा, थपेड़े सह नहीं पाया
हवाओं के इशारों पर, मगर मैं बह नहीं पाया
रहा है अनुसना और अनकहा ही प्यार का किस्सा
कभी तुम सुन नहीं पाए, कभी मैं कह नहीं पाया।

डॉ. कुमार विश्वास

ग़ैर है न दुश्मन है, दोस्त है न दुश्मन है
इस मुकाम पर हूँ मैं, ज़िन्दगी की राहों में
रंज हो कि शादी हो, फ़र्क़ ही नहीं कोई
हर ख़बर है ख़ुशखबरी, अब मेरी निगाहों में।

साहिर अबोहरी

तंग दिल ज़माना है, साथ चल नहीं सकते
आग में मोहब्बत की, खुल के जल नहीं सकते
हां मगर ये कहते हैं, आज हम सरे-महफ़िल
तुम भले बदल जाओ, हम नहीं बदल सकते।

डॉ. सुमन दुबे

अश्क जब चल दिये आँख रोने लगी
याद फिर एक माला पिरोने लगी
साँस लेने लगी आख़िरी हिचकियाँ
ज़िन्दगी आख़िरी नींद सोने लगी।

डॉ. कुंवर बेचैन

रूप में जो मिठास है, मैं हूँ
फूल में जो विकास है, मैं हूँ
अमृत मुझसे, सुरा, सुरा मुझसे
सृष्टि में जो प्रकाश है, मैं हूँ।

गुलाब खंडेलवाल

रफ़्ता-रफ़्ता जो बदल दे खुद ज़माने का मिजाज़
शौक़ के ज़ज्बों में वो तासीर भी रखते हैं हम
अपने क़ातिल आप हैं, अपने 'मसीहा' आप हैं
ज़हर भी रखते हैं हम, इकसीर भी रखते हैं हम।

गुलाम रब्बानी 'ताबाँ'

फ़ासला कुछ भी नहीं, फिर भी बड़ा है
क्योंकि हम-तुम पास, पर परदा पड़ा है
चाहता तो हूँ सभी बन्धन मिटाने
किन्तु मुझ पर साँस का पहरा कड़ा है।

भारत भूषण

सजे-सजे कामरूप नयनों में प्यार के
उड़ते हैं उत्तरीय नभ में तुषार के
बाँध-बाँध लेते है चुनरी का ग्रन्थि छोर
सिमटे हैं सात सिंधु अन्तर में प्यार के।

मनोरमा 'मधु'

जिसने भी काजल से आँख धुलाई है
जिसकी सुधि ने सोई पीर जगाई है
सतरंगी जीवन में दोनों अपराधी हैं
जिसने ठोकर दी है, जिसने खाई है।

वीर सक्सेना

कुछ ऐसे है जो सत्ता के मद में झूम रहे होंगे
भंवरें बनकर कलियों के मुखड़ों को चूम रहे होंगे
पंचवटी जाओ तो लक्ष्मण रेखा पार नहीं करना
भेष बदलकर जाने कितने रावण घूम रहे होंगे।

डॉ. सुमन दुबे

शुमार कर न अभी मेरा इन निगाहों में
मैं इस हुजूम से दामन बचा के निकलूँगा
घिरा हूँ आप अंधेरों के दरमियां लेकिन
मैं एक मशअले-फ़रदा जला के निकलूँगा।

अमीर कज़लबास

हमको तुमको हर हालत में अपना फ़र्ज़ निभाना है
राह से भटके हर राही को, मंज़िल तक पहुँचाना है
दिल से दिल तक राह बनाएं, हमने दिल में ठान लिया
दूर अंधेरा करे जो दिल का, ऐसा दीप जलाना है।

देवमणि पांडेय

हर कली के लिए मुस्कुराता हूँ मैं
और काँटे ह्रदय में सजाता हूँ मैं
ज़िंदगी कुछ नहीं सिर्फ अनजाने में
एक वचन दे दिया है, निभाता हूँ मैं।

उदय प्रताप सिंह

सावन की मदमस्त घटा है मदिरा प्यारे
चन्दन वन की मस्त हवा है, मदिरा प्यारे
जीवन की चिंताओं से क्यों घबराता है
चिंताओं की एक दवा है मदिरा प्यारे।

प्राण शर्मा

एक दिन रंग ने गंध से ये कहा
तू निखर जाएगी आके मुझमें नहा
गंध बोली कि मकरंद में ठीक हूँ
जा निगोड़े, सदा तितलियों में रहा।

बागेश्री चक्रधर

ख़ामोश रास्तों पे नई दास्तां लिखूँ
तन्हा चलूं सफ़र में मगर कारवाँ लिखूँ
ऊँचाइयों की नब्ज़ पे रख के मैं ऊँगलियाँ
तेरी हथेलियों पे कई आस्माँ लिखूँ।

आलोक श्रीवास्तव

रुष्ट न हो जाये कोई भी मधुबाला से
वंचित कोई भी न रह जाये हाला से
द्वार खुला रहता है, इसका इसीलिए नित
प्यासा कोई लौट न जाये मधुशाला से।

प्राण शर्मा

एक शाम रवि के प्रति दैन्य भाव जागा
डूबने को चढ़ता है व्योम में अभागा
नभ बोला और फल होगा क्या उसका
जो पूरब में जन्म ले के पश्चिम को भागा।

उदय प्रताप सिंह

आपने शीश पर हाथ जब धर दिया
यों लगा भूमि को एक अम्बर दिया
युग-युगों से यहाँ मैं बुझा दीप था
आपने फिर मुझे आरती कर दिया।

डॉ. कुंअर बेचैन

मुझसे छूटे हुए साहिल की खुशामद न हुई
मुझसे रूठी हुई मंज़िल की खुशामद न हुई
दर्द की गोद में कुछ और भी जी लेता मैं
पर मेरे दिल से ही, क़ातिल की खुशामद न हुई।

शेरजंग गर्ग

प्यार किस चीज़ को कहते हैं लोग
क्या इसी दुनिया में रहते हैं लोग
कभी इच्छा है, कभी आशा है
तेज़ धारा है और बहते हैं लोग।

त्रिलोचन

यह रक्त चूसती धरा, शीश पर लदा व्योम
तू क्यों जीवन को व्यर्थ समझकर रोता है
हर नई पीर, हर नई टीस, हर नई कसक,
हर नई चीख़ का भी, कुछ मतलब होता है।

श्री हरि

वो हमारे घर में जब से आ गये
सारी दुनियां की खुशी हम पा गये
जब से हमने प्यार का सीखा सबक
हम दिलों की धड़कनों में छा गये।

राजेश चेतन

जो सर से लेकर पाँव तक खुद्दार नहीं है
हाथों में कलम लेने का हकदार नहीं है
बेहद करम है आपका, पर दिल को क्या करें
इन्सां को खुदा कहने को तैयार नहीं है।

उदय प्रताप सिंह

दिल-ए-बेताब का बेशक कभी इज़हार मत करना
भले ही चाहतों का तुम यहां इकरार मत करना
बड़ी मुश्किल से अच्छे दोस्त, मिलते हैं ज़माने में
तुम अपने दोस्तों को वक़्त पे इनकार मत करना।

अनामिका जैन 'अंबर'

यह न समझना मुझमें सद् व्यवहार नहीं है
यह न समझना मुझमें लोकाचार नहीं है
जाहिद माना मेरा है सम्बन्ध सुरा से
यह न समझना मुझको जग से प्यार नहीं है।

प्राण शर्मा

हारे का जैसे दर्द बेबस का ज्यों सलाम
विधवा का ज्यों त्यौहार की लम्बी उदास शाम
ये ज़िन्दगी भी ख़ाक कोई ज़िन्दगी हुई
नीलाम के मकान पर जैसे किसी का नाम।

रामानन्द दोषी

सोच में रात भर जगा हूँ मैं
खोज में शान्ति की लगा हूँ मैं
जो थके हैं, गिरे हैं, हारे हैं
उनका आत्मीय हूँ, सगा हूँ मैं।

त्रिलोचन

नयन में प्राण अटके हैं चले आओ मेरे प्रियवर
मैं देखूं राह जीवन भर तुम्हारी राधिका बनकर
अगर सीता मैं बन जाऊँ, तो तुम भी राम बन जाना
बना लूँगी तुम्हें भी चाँद, जो मैं बन गई अम्बर।

अनामिका जैन 'अम्बर'

अपनी पलकों को जब अश्कों में भिगो लेते हैं हम
बस तभी अधरों पे इक मुस्कान बो लेते हैं हम
गीत गाते वक़्त रुंध न जाए स्वर इसके लिए
गीत लिखते वक़्त ही जी भर के रो लेते हैं हम।

चिराग जैन

तुम्हारे दिल के दर्पण को मैं देखूं और संवर जाऊँ
तुम्हारे प्यार का पावन परस पाकर निखर जाऊँ
तुम्हें जी भर के मैं देखूं, तुम्हें जी भर के चाहूँ मैं
फिर उसके बाद आए मौत भी तो हँस के मर जाऊँ।

डॉ. कीर्ति काले

स्वाभिमान अपना स्वाहा मत करना
भीख लेकर निबाह मत करना
अपने गुलदान की सजावट को
सारा गुलशन तबाह मत करना।

श्रवण राही

कोई दीवाना कहता है, कोई पागल समझता है
मगर धरती की बेचैनी को बस बादल समझता है
मैं तुझसे दूर कैसा हूँ, तू मुझसे दूर कैसी है
ये तेरा दिल समझता है, या मेरा दिल समझता है।

डॉ. कुमार विश्वास

रात–दिन मोहपाश होते हैं
प्रेम की इक तलाश होते हैं
ज़िन्दगी बाग–बाग होती है
आप जब आसपास होते हैं।

डॉ. अनु सपन

चरागों को बुझाना चाहती है
हवा भी आबोदाना चाहती है
अमीरे–शहर आँखें बन्द कर ले
ग़रीबी मुस्कराना चाहती है।

तारीख़ क़मर

आपसे दूर रह नहीं पाते
अब ये तनहाई सह नहीं पाते
मेरी पलकों को आप पढ़ लेना
होंठ कायर हैं, कह नहीं पाते।

डॉ. अनु सपन

ज़माने में सभी को तो सभी हासिल नहीं मिलता
नदी की हर लहर को तो सदा साहिल नहीं मिलता
ये दिल वालों की दुनियां है, अजब है दासतां इसकी
कोई दिल से नहीं मिलता, किसी से दिल नहीं मिलता।

श्रवण राही

तुमने विश्वास दिया है मुझको
मन का उच्छ्वास दिया है मुझको
मैं इसे भूमि पर संभालूँगा
तुमने आकाश दिया है मुझको।

त्रिलोचन

ग़मों की आंच पर आँसू उबालकर देखो
पड़ेंगे रंग किसी पर भी डालकर देखो
तुम्हारे दिल की चुभन भी ज़रूर कम होगी
किसी के पांव से कांटा निकालकर देखो।

डॉ. कुँवर बेचैन

जय और पराजय से भी क्या होता है
वह कर्म है फल जिसमें छुपा होता है
जीवन में मिले सिद्धि ज़रूरी तो नहीं
संकल्प सफलता से बड़ा होता है।

उदयभानु हंस

इस दौर-ए-तरक्की का भी ये कैसा असर है
कि आज के इंसान को इंसान से डर है
ये आईना है इससे नज़र ना चुराओ तुम
उससे क्या छुपाओगे जिसे सबकी ख़बर है।

अनामिका जैन 'अंबर'

हँसता हूँ मगर इसमें कोई राज़ नहीं है
रोना या रुलाना मेरा अंदाज़ नहीं है
गीतों को समझना तो महज काम है दिल का
यह मेरा तरन्नुम, मेरी आवाज़ नहीं है।

रामावतार त्यागी

कोई रोता है तो उसने बड़ी तड़पन सही होगी
कोई यूं ही नहीं चुभता, कहीं टूटन रही होगी
किसी को सिर्फ़ पत्थर-दिल समझकर छोड़ने वालों
टटोलो तो सही उस दिल में इक धड़कन रही होगी।

चिराग जैन

चराग़ जिसने जलाया हो दिल में चाहत का
उसे वो अपने ही हाथों से गुल नहीं करता
जिसे है डूबना चुपके से डूब जाता है
कभी मुहब्बत में वो शोरोगुल नहीं करता।

देवमणि पांडेय

वो चाहे कितना भी पानी समेट लो यारों
कभी भी गंगा की रौ में कमी नहीं आती
कि इक चिराग से चलते कई चिराग मगर
किसी चिराग की लौ में कमी नहीं आती।

कुंवर जावेद

शम्म-ए-वफ़ा जलाते अजमेर जा रहे हैं
दिल की मुराद पाने अजमेर जा रहे हैं
तुम भी चलो मुनव्वर, सदियों की प्यास लेकर
ख़्वाजा के सब दीवाने, अजमेर जा रहे हैं।

तहसीन मुनव्वर

प्रेम के गीत लिख, व्याकरण पर न जा
मन की पीड़ा समझ, आचरण पर न जा
मेरा मन कोई गीता से कम तो नहीं
खोलकर पृष्ठ पढ़ आवरण पर न जा।

श्रवण राही

मान और सम्मान भरा था, हम सब आदर करते थे
गुस्सा हैं या खुश बाबू जी, हम भावों को पढ़ते थे
अब बाबू जी हमको अपने बच्चों से डर लगता है
आँख दिखाते हैं ये हमको, हम आँखों से डरते थे।

रितू गोयल

ओ जवान धड़कनों तुम, मेरा सलाम लेना
सीखा नहीं है मैंने, हाथों में जाम लेना
फ़िसलन बहुत है यारों, राहों में मुहब्बत की
कहीं मैं फ़िसल न जाऊँ, तुम हाथ थाम लेना।

डॉ. विष्णु सक्सेना

लोग बदनाम बहुत मेरा नाम कर देंगे
जिससे डरता हूँ वही सारे काम कर देंगे
आ तुझे प्यार से पलकों में छुपा लूं वर्ना
ये लोग तेरा भी जीना हराम कर देंगे।

देवमणि पांडेय

दर्द के हाथ बिक गयीं खुशियाँ
और हम बेंचकर बहुत रोये
जैसे कोई दीया बुझा तो दे
किन्तु फिर रात-भर नहीं सोये।

बालस्वरूप राही

बेगम की है दुहाई कि महंगाई बढ़ गई
ऊपर की हो कमाई कि महंगाई बढ़ गई
अब इससे ज़्यादा और भी होगा कोई सबूत
कहता है घर जमाई कि महंगाई बढ़ गई।

तहसीन मुनव्वर

गरमी में पहाड़ों की हवायें जैसे
बरसात में बदमस्त घटायें जैसे
जाड़ों में हसीनों की वे लम्बी नींदें
मन्दिर में पुजारी की दुआयें जैसे।

मुशीर झिंझानवी

कैसे कहूँ कि जाने-वफा भूल गया हूँ
करके सज़ा कुबूल, ख़ता भूल गया हूँ
जब चाहता हूँ, देखता हूँ दिल का आइना
सूरत है तेरी याद, पता भूल गया हूँ।

वाहिद अली 'वाहिद'

गैर को अपना बनाने में समय लगता है
प्यार का फर्ज़ निभाने में समय लगता है
स्वप्न की गोद में सोना तो सहज है लेकिन
आँख तक नींद के आने में समय लगता है,

शेरजंग गर्ग

आज घुटनों चल रहा है एक दिन
अपने पैरों पर खड़ा हो जाएगा
फेंक दूंगा जिम्मेदारी का पहाड़
जब मेरा बच्चा बड़ा हो जाएगा।

तहसीन मुनव्वर

प्राणों पर ज्वाला गिरी, पलकों पर सिंधु लदा
सिर चकराता छाती पर, सौ मन का पत्थर है,
मत इन्हें हटाओ, रहने दो मैं कहता हूँ,
हल्का होने से भारी होना बेहतर है।

श्री हरि

दर्द जितना भी रोया जवान वो होता गया
पहाड़ी से पत्थर गिरा भगवान वो होता गया
एक दिन जब खुदा रो पड़ा बेबसी पर अपनी
अश्क जो भी गिरा इन्सान वो होता गया।

श्रवण कुमार गर्ग

कुछ पहले-पहले आज न दुनिया छली गई
सुमनों के मुख पर सदा धूल ही मली गई
बाँहें फैलाकर पुलियों ने, सरिता से माँगा आलिंगन
प्रिय आज नहीं, वह कल-कल कहती चली गई।

शिवमंगल सिंह 'सुमन'

जाम पर जाम पिये जाता हूँ
सुबह को शाम किये जाता हूँ
बाज़ आया तुम्हारे वादों से
राम का नाम लिये जाता हूँ।

सन्तोषानन्द

ग़ैर को आशना समझ बैठा
क्या समझना था क्या समझ बैठा
था मेरे डूबने का राज़ यही
नाखुदा को खुदा समझ बैठा।

सरदार होशयारपुरी

बारूद की बारिश का कहर देख रहा हूँ
सूखी ज़मीन, सूखे शज़र देख रहा हूँ
हर आदमी तो प्यार से महरूम लगे हैं
हर मोड़ पे शैतान का सर देख रहा हूँ।

वाहिदअली 'वाहिद'

मेरे जीवन की पुस्तक के पृष्ठ अधिकतर कोरे हैं
जितने लिखे हुए हैं उनमें पढ़ने लायक थोड़े हैं
जितने भी हैं, जैसे भी हैं, भाव हमारे अपने हैं
हमने किसी और के कपड़े, धोकर नहीं निचोड़े हैं।

प्रकाश दीक्षित

जितने हैं बीमार मुहब्बत वाले हैं
हम सारे बेकार मुहब्बत वाले हैं
जंजीरों में हमको कब तक रक्खोगे
छोड़ो भी सरकार मुहब्बत वाले हैं।

तहसीन मुनव्वर

सोने और चांदी के गहने भी नहीं देखती मैं
इतने महंगे सजे कपड़े भी नहीं देखती मैं
अपने मां-बाप की आंखों से उड़ा हूँ नींदें
इस क़दर उलझे हुए सपने भी नहीं देखती मैं।

ख़ुशबू शर्मा

ज़माने में मुकद्दर से ही ये पैग़ाम आता है
लहू कोई वतन का जब, वतन के काम आता है
करोड़ों जी रहे दुनिया में, लेकिन सच यही यारो
वतन पे जां लुटाये जो, जहाँ में नाम पाता है।

गजेन्द्र सोलंकी

भटकते पाँवों को राहों की ज़रूरत होगी
तसव्वुरात को बाहों की ज़रूरत होगी
तेरे मासूम ख़यालों की क़सम तुझको भी
उम्र के साथ गुनाहों की ज़रूरत होगी।

किशन सरोज

मन बहुत अनमना है चले आइये
गीत की प्रार्थना है चले आइये
आँसुओं के उमड़ते हुए छन्द में
मौन की व्यंजना है चले आइये।

डॉ. कुँअर बेचैन

अगर मैं 'शब्द' के पीछे न पड़ता
तो बंगला आज आलीशान होता
किताबों से निकलता 'अर्थ' कोई
तो मैं सबसे बड़ा धनवान होता।

ओमप्रकाश 'आदित्य'

है आधी रात, अर्ध जग पड़ा अँधेरे में
सुख की दुनिया सोती रंगों के घेरे में
पर दुःख का इंसानी दीपक जलकर कहता
अब ज़्यादा देर नहीं है, नये सवेरे में।

गिरिजा कुमार माथुर

बाग़ में छुईमुई वक़्ते सहर
नर्म झोकों से लहलहाती है
जैसे इकलौते लाल को लेकर
माँ निगाहों से मुस्कराती है।

अहसान दानिश

हम बलायें लिया करें उनकी और हम पर बलायें वे लायें
है यही ठीक तो कहें किससे, क्या करें चैन किस तरह पायें
किस तरह रंग में रंगें उनको आह को कौन ढंग सिखलायें
जो पसीजे न आँसुओं से वे, क्यों कलेजा निकाल दिखलायें।

अयोध्यासिंह उपाध्याय 'हरिऔध'

तमाम दफ़्तरे-हिकमत उलट गया हूँ मैं
मगर खुला न अभी तक कहाँ हूँ, क्या हूँ मैं
रही है ख़ाक के ज़र्रा में भी चमक मेरी
कभी-कभी तो सितारों से मिल गया हूँ मैं।

असग़र

मैं आग को छू लेता हूँ चन्दन की तरह
हर बोझ उठा लेता हूँ कंगन की तरह
यह प्यार की मदिरा का नशा है, जिसमें
काँटा भी लगे फूल के चुम्बन की तरह।

उदयभानु 'हंस'

कब तलक यों ही रुलायेगी मुझे क़िस्मत
ना उम्मीदी में डुबाएगी मुझे क़िस्मत
हाथ से मैंने मिटा दी भाग्य की रेखा
अब भला कैसे मिटाएगी मुझे क़िस्मत।

शेरजंग गर्ग

कर जाय जो मस्ती में वो हस्ती अच्छी
आसोब से भरपूर यह बस्ती अच्छी
करती है वफ़ा किससे यह दुनिया अदनी
माहौल कमीना हो तो मस्ती अच्छी।

उमर ख़ैय्याम

गुण को गंगू का है आसरा
राजनैतिक पतन देखिये
कोई पत्थर कोई कोयला
भोज के नवरतन देखिये।

ओम प्रकाश 'आदित्य'

क्या हाल मेरा पूछता है मुझसे हमनशी
जितनी उमर मेरी बढ़ी, उतनी ही घट गई
क़ायम दमे-अख़ीर बहरहाल शुक्र है
अच्छी कटी, बुरी कटी जैसी भी कट गई।

कायम अंढोसी गयावी

इस शहर की रानाई से क्या पाना है
अंजाम में हर अपना भी बेगाना है
तू ज़हर का चश्मा हो कि हो आबे-हयात
हर तौर तुझे ख़ाक में मिल जाना है।

उमर ख़ैय्याम

धन के संकेत हैं और हम
मस्ती क्या, मान क्या, मन है क्या
एक वेतन के दिन के सिवा
नौकरी में नयापन है क्या।

ओम प्रकाश आदित्य

वक़्त जाये साथ दे देना
फिर भले चाहे घात दे देना
मानकर ज्योतिषी की बातों को
मेरे हाथों में हाथ दे देना।

डा. विष्णु सक्सेना

शेख लेता है इम्तहाँ मौला
महंगा होने लगा धुआँ मौला
अपनी गाड़ी खड़ी है बत्ती पर
दे दे इक तेल का कुआँ मौला।

तहसीन मुनव्वर

करते नहीं कुछ तो काम करना क्या आये
जीते जी जान से गुज़रना क्या आये
रो रो के मौत माँगने वालों को
जीना नहीं आ सका तो मरना क्या आये।

फ़िराक़ गोरखपुरी

हस्ती का निशान मिट चुका है कब का
दुनिया से क़दम उठा चुका है कब का
काँधों पे जो धर के ले चले हो ताबूत
ओ प्यादो ! सवार जा चुका है कब का।

बनवारी लाल 'शोला'

दिव्यताओं ने उसको ढाला है
सभ्यताओं ने उसको पाला है
सारे रिश्ते हैं पुस्तकों जैसे
बेटी रिश्तों की पाठशाला है।

डॉ. उर्मिलेश

मौसमे-खुशगवार क्या कहिये
ये फिज़ाँ, ये बहार क्या कहिये
ऐसे आलम मे क्या मुनासिब है
आप से बार-बार क्या कहिये।

बलबीर सिंह 'रंग'

दर्द का दिल में कोई रतन रख लिया
गीत गा-गा के दुनिया का मन रख लिया
इस क़दर हमको कांटे चुभाये गये
नाम हमने भी अपना सुमन रख लिया।

डॉ सुमन दुबे

हम लोग पिया करते है, मज़बूरियों के नाम
दौलत के दरिन्दों का लेते नहीं सलाम
तुमने सुबह पढ़ी हैं, बनारस की पोथियां
हमने भी ख़त लिखें हैं, शाम-ए-अवध के नाम।।

बलबीर सिंह 'रंग'

चुपके–चुपके यहां छा रही दीमकें
इन क़िलों की तरफ आ रही दीमकें
बच के रहना सभी देश के वासियों,
राग भैरव यहां गा रही दीमकें।

बगला प्रदीप 'सावन'

ज़िन्दगी मौत के साये में बदल जाएगी
देखते–देखते हर राह गुजर जाएगी
जब कभी भूल से कोई ख़्वाब उभर आए तो,
लाख रोकेंगे मगर आह निकल जाएगी।

डॉ. अनिल गहलौत

दिल के सोज़ो गराज़ से ऐ दोस्त
रुह में शरीअत बिखरती है
जितना इंसान दर्द सहता है
ज़िन्दगी और भी निखरती है।

ख़ुमार बाराबंकवी

बुलबुलों की तरह फूट जाते हैं हम
तीर की ही तरह छूट जाते हैं हम
पत्थरों को तो ठोकर लगाते रहे
फूल की ठेस से टूट जाते हैं हम।

डॉ. कुँअर बेचैन

यूँ तो खुद्दारियाँ ज़रूरी हैं
फिर भी ख़ामोशियाँ ज़रूरी हैं
ज़िन्दगी को गुज़ारने के लिए
कुछ ग़लत फ़हमियाँ ज़रूरी हैं।

डॉ. उर्मिलेश

आईना देखने लगी हो तुम
अपनी नज़रों में खुद ठगी हो तुम
बाल बिखरे हुए बताते हैं
याद में रात भर जगी हो तुम।

कुमार शिव

ख़्वाब हर शब हसीं नहीं होता
ऐसा होगा यकीं नहीं होता
कोई शैताँ कोई फरिश्ता है
हर बशर आदमी नहीं होता।

बलबीर सिंह 'रंग'

आपने शीश पर हाथ जब धर दिया
यों लगा भूमि को एक अम्बर दिया
युग-युगों से यहां मैं बुझा दीप था
आपने फिर मुझे आरती कर दिया।

डॉ. कुँअर बेचैन

प्यार जीवन का सार होता है
उम्र भर का शृंगार होता है
प्यार हर बार हो नहीं सकता
प्यार तो एक बार होता है।

डॉ. उर्मिलेश

कुछ सलीका अगर है जीने का
बज़्मे दुनिया है, बाग़ जन्नत है
ज़िन्दगी को ही तू अमर कर ले
मर के जीना तो इक क़यामत है।

उस्मान आरिफ़ नक्शबन्दी

आदमी हर प्रयास करता है
सदा खुशियों की आस करता है
जो कभी राम बन नहीं पाया
वो भी सीता तलाश करता है।

डॉ. सुनील जोगी

कौन कहता है कि मुझसे ही सब ज़माना बने
मेरा ही गीत हरेक होंठ का तराना बने
कभी का बंजरों के बीच आके बैठ गया
क्या ज़रूरी कि चमन में ही आशियाना बने।

रामस्वरूप सिन्दूर

नख से शिख तक शृंगार लगती हो
दृष्टि से आर-पार लगती हो
गूंजते होंठ, नाचती आँखें
तुम स्वयं चित्रहार लगती हो।

डॉ. उर्मिलेश

होंठ कँप-कँप गये, पर शब्द नहीं कढ़ पाये
माँगने को हुए पर, हाथ नहीं बढ़ पाये
दिल धड़कता रहा भौंहों पे शिकन तक न पड़ी
चाह के चित्र थे, पुतली पे नहीं चढ़ पाये।

शिवमंगल सिंह 'सुमन'

हौसला मेरा कोई आजमा नहीं सकता
मैं जहां हूँ वहां इन्सान जा नहीं सकता
ग़मों के बीच भी, मैं मुस्कुराता रहता हूँ
तेज सूरज भी समन्दर सुखा नहीं सकता।

डॉ. सुनील जोगी

गोरी ने जो आँचल से हवायें दी हैं
बजते हुए पौधों ने सदायें दी हैं
मदहोश जवानी को मुख़ातिब पाकर
पक्के हुए खेतों ने दुआयें दी हैं।

मुशीर झिंझानवी

क्या कहिये ज़मीन कितनी है ज़र कितना है
सब कुछ है सही जंजाल मगर कितना है
दौलत को हौंसते हो? यह तो देखो
दौलत के साथ दर्दे सर कितना है।

यगाना चंगेज़ी

दिल की यारी उसी से होती है
बात सारी उसी से होती है
बिन कहे ही जो सब समझ जाए
रिश्तेदारी उसी से होती है।

डॉ. उर्मिलेश

दुनिया का हर दर्द किनारे रखते हैं
दो आँखों में सागर खारे रखते हैं
जब से पंख लगे हैं ढाई आखर के
क़दमों में हम चाँद सितारे रखते हैं।

डॉ. सुनील जोगी

वो जो तेरी आँख में तिरते रहे
अश्क मेरी आँख से गिरते रहे
बाँटते हैं नफ़रतें वो ही कि जो
प्यार की पुस्तक लिए फिरते रहे।

चेतन आनन्द

मर्ज़ी हो तो सूली पे चढ़ाना यारब
सौ बार जहन्नुम में जलाना यारब
माशूक़ कहें "आप हमारे हैं बुज़ुर्ग"
नाचीज़ को ये दिन न दिखाना यारब।

जोश मलीहाबादी

ज़िन्दगी प्यार से ही टिकती है
प्यार से सुख की सेज बिछती है
आदमी लाख घूम आए कहीं
घर ही आकर थकान मिटती है।

डॉ. उर्मिलेश

उससे मिलती जुलती मैं, आवाज़ कहां से लाऊँगा
ताजमहल बन जाए अगर, मुमताज कहां से लाऊँगा
अपने दिल की सारी बातें, कह तो दूँ 'सागर' लेकिन
दिल का भरम रखने के लिए, हमाराज कहाँ से लाऊँगा।

डॉ. सागर आज़मी

वहां तुम क्या मसीहाई करोगे
जहां बातों में नश्तर बोलते हैं
सुना है ये बुज़ुर्गों की जुबां से
मुहब्बत हो तो पत्थर बोलते हैं।

नूर

मिले जो तुम तो बहारों ने गीत छेड़ दिये
गगन पे चांद सितारों ने गीत छेड़ दिये
तुम्हारी बोलती आँखों से प्रेम यूँ छलका
कि मन के मौन मल्हारों ने गीत छेड़ दिये।

अनामिका जैन 'अंबर'

मुहब्बत एक अहसासों की पावन सी कहानी है
कभी कबीरा दीवाना था, कभी मीरा दीवानी है
यहां सब लोग कहते हैं, मेरी आँखों में आंसू हैं
जो तू समझे तो मोती है, जो न समझे तो पानी है।

डॉ. कुमार विश्वास

कफ़न बढ़ा तो किसलिए नज़र तू डबडबा गई
सिंगार क्यों सहम गया, बहार क्यों लजा गई
न जन्म कुछ, न मृत्यु कुछ, बस इतनी सिर्फ बात है
किसी की आँख खुल गई, किसी को नींद आ गई।

गोपालदास 'नीरज'

हम सितारों से बात कर लेंगे
दिन को सपनों की रात कर लेंगे
मौसमे-गुल तुम्हें तो खिलना है
हम बहारों से बात कर लेंगे।

चन्द्र प्रकाश वर्मा

प्यार हो गया है तो, प्यार से निभा देना
तुम उदास आंखों में, आके मुस्करा देना
ज़िन्दगी की बगिया में, पतझरों का मौसम है
दिल की सूनी डाली पर, इक सुमन खिला देना।

डॉ. सुमन दुबे

ख़ून से खटमल भी पेट भरते हैं
ख़ुराक जो ठहरी, नहीं तो मरते हैं
लेकिन धनदास जी आदमी का ख़ून
बैंक में हिफ़ाज़त से जमा करते हैं।

गोपाल कृष्ण कौल

टकराने भी न पाया तेरा जाम मेरा जाम
बस हो गया बदनाम तेरा नाम मेरा नाम
अब चाँद की परछाइयाँ भी बन गईं दीवार
कटती है कहीं और तेरी शाम, मेरी शाम।

गोपाल सिंह नेपाली

हम दिल ही नहीं रखते, जज़्बात भी रखते हैं
होठों पे मोहब्बत की, सौगात भी रखते हैं
जो फूल समझते हैं, उनको ये ख़बर कर दो
कांटों से निभाने की, औकात भी रखते हैं।

डॉ. सुमन दुबे

हर रोशनी बुलबुल-सी चहक उठती है
हर साँस शराबी-सी बहक उठती है
जिस रात में खिल जाते हैं दो प्यार के फूल
सदियों की तवारीख़ महक उठती है।

गोपालदास 'नीरज'

इक किरन घोर तम मिटाती है
इक ख़ुशी लाख ग़म मिटाती है
मैंने देखा है दोस्तो अक्सर
इक नज़र सौ कसम मिटाती है।

दवे प्रताप नागर

बेसबब दिल पे कोई बोझ न भारी रखिए
ज़िन्दगी जंग है, इस जंग को जारी रखिए
कितने दिन ज़िन्दा रहे, इसको न गिनिए साहिब
किस तरह ज़िन्दा रहे, इसकी शुमारी रखिए।

डॉ. उर्मिलेश शंखधर

क्या कहूँ किसकी किससे है दूरी नहीं
तेरी दुनिया बड़ी तो है, पूरी नहीं
तुझसे बेहतर हूँ हर हाल में देख ले
मैं अकेली हूँ लेकिन अधूरी नहीं।

डॉ. सीता सागर

दुनियां ये मुहब्बत को मुहब्बत नहीं देती
ईनाम बड़ी चीज़ है, क़ीमत नहीं देती
देने को तो मैं भी तुझे, दे सकता था गाली
लेकिन मेरी तहज़ीब, इजाज़त नहीं देती।

डॉ. नवाज़ देवबंदी

थोड़ी बहुत कमी तो यहां हर किसी में है
दरिया भी खूबियों का मगर आदमी में है
साया तेरे गुनाह का ग़ैरों पे क्यों पड़े
क्या चंद्रमा का दाग़ कहीं चांदनी में है।

डॉ. कुँअर बेचैन

खुशी जिसने खोजी, वो धन ले के लौटा
हँसी जिसने खोजी, चमन ले के लौटा
मगर प्यार को खोजने जो चला वो
न तन ले के लौटा, न मन ले के लौटा।

गोपालदास 'नीरज'

खट्टी इमली है या करेला है
एक मेला है या झमेला है
प्यार क्या है वो बताए कैसे
जिसने ये खेल नहीं खेला है।

बागेश्री चक्रधर

पूरी बोतल पीने का आगाज़ न कर तू
दोस्त, अभी मदिरा पर इतना नाज़ न कर तू
अभी तुम्हारी उम्र ही क्या है मेरे प्यारे
छोटे पंखों से ऊंची परवाज़ न कर तू।

प्राण शर्मा

भूल करता है मनुज थोड़ी यहीं पर
सब मनोरथ पूर्ण हों संभव नहीं पर
उठ गया जो पैर मंज़िल की दिशा में
वह रुकेगा अब पहुँचकर ही कहीं पर।

उदय प्रताप सिंह

तेरे क़रीब आ के बड़ी उलझनों में हूँ
मैं दुश्मनों में हूँ कि तेरे दोस्तों में हूँ
बदला न मेरे बाद भी मौजू-ए-गुफ्तगू
मैं जा चुका हूँ फिर भी तेरी महफ़िलों में हूँ।

अहमद फ़राज़

जवानी के झरोखों से किसी के रूप का दीपक
कभी जब इंद्रधनुषी भंगिमा में झिलमिलाता है
नहीं मालूम क्या गुजरे जवाँ दिल देवताओं पर,
बड़े संन्यासियों तक का तपासन डोल जाता है।

उदयप्रताप सिंह

साथ गुज़रे जो तेरे वही शाम है
ज़िंदगी चन्द लम्हात का नाम है
सोच भी दफ़्न की होंठ भी सी लिए,
जब से ख़ामोश हूँ दिल को आराम है।

आलोक श्रीवास्तव

स्वर्णमृग इक दुकां में मिलता है
हाय सीता का मन मचलता है
क्या करें राम जी की तनखा में
इन दिनों काम नहीं चलता है।

बागेश्री चक्रधर

हर सनम साज़ ने मरमर से तराशा तुझको
पर यह पिघली हुई रफ़्तार कहाँ से लाता
तेरे पाँवों में तो पाज़ेब पिन्हा दी लेकिन
तेरी पाज़ेब की झंकार कहां से लाता।

जां निसार अख़्तर

हर स्वप्न है रो-रो के सुलाने के लिए
हर याद है घुल-घुल के भुलाने के लिए
जाती हुई डोली को न आवाज़ लगा
इस गाँव में सब आये हैं जाने के लिए।

गोपालदास 'नीरज'

एक शायर हूँ जाम लेता हूँ
हुस्न के भी सलाम लेता हूँ
जब भी गिरता है, लड़खड़ाता है
मैं ज़माने को थाम लेता हूँ।

चन्द्रसेन विराट

रूप की राह पर जब-जब भी चले बहक गये
प्रीत की छाँह में भी दर्द कई दहक गये
उन परिन्दों की मगर याद बहुत आती है
जो मेरे बाग़ में दो पल के लिए चहक गये।

शेरजंग गर्ग

फूल थे पर नहीं खिलने के लिए आये थे
उदास डाल पर हिलने के लिए आये थे
और ही थे जो दुलारे गये, पूजे भी गये
हम तो बस धूल में मिलने के लिए आये थे।

गुलाब खण्डेलवाल

मेरा सारा जीवन ले लो, पर मुझको वे क्षण लौटा दो
वे क्षण निर्धन की पूँजी हैं, निर्धन का कण-कण लौटा दो
वे क्षण जब मेरे अंतर में तुमने अपना रूप उतारा
अपना रूप भले ले जाओ, पर मेरा दर्पण लौटा दो।

उदयप्रताप सिंह

प्यार से मीठी न कोई तान है
प्यार की होती नहीं दुकान है
नफ़रतों को छोड़ सब मिल कर कहें
प्यार ही तो इस धरा की शान है।

राजेश चेतन

होठों से ग़ज़ल-गीत सभी रूठ गये
आँखों में जो मोती थे कहीं टूट गये
ओ काली घटा ऐसे यहां शोर न कर
हम कारवाँ से, दूर बहुत छूट गये।

गोपालदास 'नीरज'

मेरे हाथों से मुँह तक का निवाला रोकने वालों
लहू होगा तो उबलेगा, उबाला रोकने वालों
मैं सूरज हूँ अंधेरा चीर कर हर रोज़ निकलूँगा
मुझे क्या रोक पाओगे उजाला रोकने वालों।

श्रवण राही

शबनम के पालने में किसी ने दिया झुला
ज्यों चांदनी के इत्र में सब कुछ धुला-धुला
आज अपना नाम याद जो आया तो यों लगा
हफ्तों उमस के बाद ज्यों मौसम खुला खुला।

रामानन्द दोषी

जब तलक़ हौसला नहीं होगा
एक भी फ़ैसला नहीं होगा
सभी अपने भले की सोचेंगे
तो किसी का भला नहीं होगा।

राजू रंगीला

जुबाँ पर हैं सभी के आजकल अंगार की बातें
हवा करने लगी है तीर और तलवार की बातें
यहां नफ़रत के शोले हैं, दिलों में और आँखों में
चलो कुछ देर बैठें और कर लें प्यार की बातें।

डॉ. कीर्ति काले

उसे दरक़ार हैं सजदे भी, मेरा सर भी उड़ाना चाहता है
चिरागों की हिफ़ाज़त करने वाला, हवाएं भी चलाना चाहता है
तेरी बख़्शी हुई इस ज़िन्दगी को, कहां ले जाऊँ आसिफ़ ये बता दे
तबियत कुछ बनाना चाहती है, मुकद्दर कुछ बनाना चाहता है।

असिफ

हम तो पतझर में बहारों के गीत लिख लेंगे
मिल के दरिया से किनारों के गीत लिख लेंगे
आप बन जायें अगर मीत हमारे हम तो
ज़मीं पे रह के सितारों के गीत लिख लेंगे।

अनामिका जैन 'अम्बर'

बाद में बेंचता है अपनी दवाएं क़ातिल
पहले हर शख़्स को बीमार किया जाता है
झूठ की आज हुकूमत है ज़माने भर में
जो भी सच्चा है वो बर्बाद किया जाता है।

नदीम नैयर

चमक सी आँख में चेहरे पे ताज़गी तो मिले
मैं जिसको ढूंढ रहा हूँ, वो आदमी तो मिले
तमाम उम्र का मरना क़ुबूल है लेकिन
ज़रा सी देर को थोड़ी सी ज़िन्दगी तो मिले।

ज़फ़र रज़ा

आपके हक़ में यह गुनाह सही
हम पियें तो सवाब बनती है
सौ ग़मों को निचोड़ने के बाद
एक क़तरा शराब बनती है।

साहिर होशियारपुरी

प्यार दिल का बयान होता है
ज़िन्दगी के समान होता है
हम तड़पती ज़मीन होते हैं
दर्द जब आसमान होता है।

पुरुषोत्तम 'प्रतीक'

स्नेह की सबसे पुरानी डोर है
नाचता सुन बांसुरी मन-मोर है
शक्ति पाकर प्रीत की, आगे बढ़ा
आदमी वैसे बहुत कमज़ोर है।

सरस्वती कुमार 'दीपक'

मेरी आशा, मेरे विश्वास के विपरीत गई
जीत तो हार गई, हार मगर जीत गई
सिर्फ तनहाई ने ही दिल को दिया है सम्बल
चन्द यादों को भुलाने में उमर बीत गई।

शेरजंग गर्ग

चाँदनी रात थी सन्नाटा था
तुम न थीं दिल में ज्वार-भाटा था
एक पत्थर को भर भुजाओं में
मैंने मुश्किल से वक़्त काटा था।

निरंकार देव सेवक

किस पेड़ की किस शाख़ पे झूली है तू
किस शाख़ के किस फूल पे फूली है तू
खा जाएगा कच्ची तुझे खाने वाला
ऐ ज़िन्दगी किस खेत की मूली है तू।

सरदार होशयार पुरी

अश्रु बन ढल गया, हर ग़म से यही भूल हुई
रात पर मर मिटी, शबनम से यही भूल हुई
ज़िन्दगी भर की सभी साध उमंगें खोकर
हमने चाहा तुम्हें, बस हमसे यही भूल हुई।

शेरजंग गर्ग

जब भी मैंने तुझे भुलाया है
वाकया है फरेब खाया है
क्योंकि हर-इक खयाल में मुझको
सिर्फ तेरा खयाल आया है।

नरेश कुमार शाद

समन्दर पीर का अन्दर है, लेकिन रो नहीं सकता
ये आँसू प्यार का मोती है, इसको खो नहीं सकता
मेरी चाहत को दुल्हन तू बना लेना मगर सुन ले
जो मेरा हो नहीं पाया, वो तेरा हो नहीं सकता।

डॉ. कुमार विश्वास

रौशनी कैद कर लूँ ठहर तो ज़रा
तुझको आँखों में भर लूँ ठहर तो ज़रा
देख लूँ पत्थरों का भी मैं हौंसला
आईने सी निखर लूँ, ठहर तो ज़रा।

अनामिका जैन 'अंबर'

स्नेह पाकर भी जलन ही हाथ आई
बाँह में तम के उमर की निधि लुटाई
मैं दीया हूँ कुछ अजब-सी ज़िन्दगी है
दिन न देखा, रात रो-रोकर बिताई।

विष्णु खन्ना

देश प्रेम, सद्भावना, हम न कभी भूलेंगे
एकता के झूले में, सारे धरम झूलेंगे
हम विकास के राही, चल पड़े हैं मंज़िल को
हाथ में तिरंगा है, आसमान छू लेंगे।

डॉ. सुमन दुबे

संग चलने का इरादा जब जवां हो जाएगा
आदमी मिल आदमी से, कारवां हो जाएगा
तू किसी के पांव के नीचे तो रख थोड़ी ज़मीं
तू भी नज़रों में सभी की आसमां हो जाएगा।

दिनेश रघुवंशी

तपती हुई ज़मीं है, जलधार बांटता हूँ
पतझर के रास्तों पर, मैं बहार बांटता हूँ
ये आग का है दरिया, जीना भी बहुत मुश्किल
नफ़रत के दौर में भी, मैं प्यार बांटता हूँ।

डॉ. विष्णु सक्सेना

तुम दिल को बेक़रार कभी क्यूं नहीं करते
चाहत पे ऐतबार कभी क्यूं नहीं करते
तुम हो के जुदा उससे अगर जी नहीं सकते
तो प्यार का इज़हार कभी क्यूं नहीं करते।

देवमणि पांडेय

प्यास जब मैं बनी, बन गये नीर तुम
मैं बनी जब नदी, बन गये तीर तुम
दर्द में डूबकर वक़्त ने जब लिखा
मैं ग़ज़ल बन गई, बन गये मीर तुम।

रितू गोयल

हमें कुछ पता नहीं है, हम क्यों बहक रहे हैं
रातें सुलग रही हैं, दिन भी दहक रहे हैं
जब से है तुमको देखा, हम इतना जानते हैं
तुम भी महक रहे हो, हम भी महक रहे हैं।

डॉ. विष्णु सक्सेना

भटकी रही हमेशा ये लहरों के दरमियां
इस ज़िन्दगी की नाव को साहिल नहीं मिला
जो धूप में बादल की तरह हमको छुपा ले
ऐसा तो एक दोस्त भी क़ाबिल नहीं मिला।

देवमणि पांडेय

तू गुलाल मेरा, मैं रोली तेरी
तू कहार मेरा, मैं डोली तेरी
तू आंगन मेरा, मैं रंगोली तेरी
तू मेरा फाग है, मैं होली तेरी।

रितू गोयल

न हों हदों में तो छाले रिसाव देते हैं
किनारे धार को बाढ़ब बहाव देते हैं
हदों में हैं तो ख़ैर ख्वाह हैं उंगलियों के
हदों को लांघ के, नाखून घाव देते हैं।

चिराग जैन

आग में हम कभी जब भटक जायेंगे
दर्पणों की तरह से चटक जायेंगे
तुमको आवाज़ देते हुए एक दिन
हम सलीबों पे हँसकर लटक जायेंगे।

डॉ. कुंअर बेचैन

कोताह न उम्र-ए-मयपरस्ती की जिसे
ज़ुल्फों से तेरे दराज़-ए-दस्ती कीजिये
साक़ी जो न हो शराब, है आज वह अब्र
पानी पी-पी के फ़ाक़ामस्ती कीजिये।

'सौदा' मिर्ज़ा मोहम्मद रफ़ी

चोट करते हैं फूल भी यों तो
शूल में भी चुभन नहीं होती
बाज़ -औक़ात चाँद तपता है
चाँदनी गुलबदन नहीं होती।

सोम 'अधीर'

फिक्र और किरदार के दफ़्तर के दफ़्तर उड़ गये
नोट की बरसात में छप्पर के छपर उड़ा गये
इक क़बूतर बाज मेम्बर पार्लियामेंट में पकड़ा गया
सुन के ये हाथों से अपने सब कबूतर उड़ गये।

तहसीन मुनव्वर

गुस्सा ही सही, मेरा कहा मानता तो है
वह दोस्त की तरह से मुझे चाहता तो है
लोगों की बद्दुआ मुझे कैसे लगे भला
चुप-चुप ही सही कोई दुआ मांगता तो है।

वाहिदअली 'वाहिद'

टूटी चूड़ी-सी बात, पाँव तले पड़ ही गई
दर्द की एक लहर, आँख में उमड़ ही गई
लाख चाहा था कि बच जाऊँ न देखूं लेकिन
राह ऐसी मुड़ी कि उन पै नज़र पड़ ही गई।

रामसेवक श्रीवास्तव

हर लम्हा जैसे भोर का टूटा हुआ स्वप्न
हर साँस जैसे फाँस की रह-रह उठे चुभन
इस ज़िन्दगी को दोस्त कुछ ऐसे जिया हूँ मैं
जैसे धुएं की बाँह में, सहमी हुई किरन।

रामानन्द दोषी

जो पहचान सके न स्वयं को, उसकी हर पहचान अधूरी
जिसमें दर्द न हो जीवन का, वंशी की वह तान अधूरी
पीड़ा के आँचल में पलकर, होता हर विश्वास सुनहरा
जो न आँसुओं से जन्मी हो, ऐसी हर मुस्कान अधूरी।

रूपनारायण त्रिपाठी

प्यार मीरा, प्यार राधा, प्यार ही रसखान है
प्यार जिसको हो गया, महकता इंसान है
नफ़रतों को छोड़ बन्दे, प्यार करना सीख ले
प्यार जिसने पा लिया तो पा लिया भगवान है।

राजेश चेतन

मिले कुछ भी ज़माने के लिए नासूर मत होना
उड़ो नभ में भले कितना, धरा से दूर मत होना
बदलते वक़्त के तेवर, कहाँ कोई समझ पाया
कभी मशहूरियों के दौर में, मग़रूर मत होना।

गजेन्द्र सोलंकी

किसी जादू किसी मंतर से नहीं आए हैं
एक दरिया हैं, समन्दर से नहीं आए हैं
हम कुँवर हैं कोई जावेद जो भी हैं लेकिन
इसी मिट्टी के हैं बाहर से नहीं आए हैं।

कुँवर जावेद

मैं तुम्हारे पास आना चाहती हूँ
मैं तुम्हारे भेद पाना चाहती हूँ
मुझको अपने मन की एक कविता समझ लो
दर्द को दिल में छुपाकर मुस्कुराना चाहती हूँ।

मनप्रीत कौर

मेरे इस दिल के धड़कने का सबब तू ही है
मेरा कुछ भी नहीं जो भी है, वो सब तू ही है
पहले दुनिया थी मेरी अपनी, पर अब तू ही है
जिसको समझा है खुदा मैंने, वो रब तू ही है।

तहसीन मुनव्वर

हमसे साग़र न छीन ऐ जाहिद
इस इनायत से क़हर बेहतर है
हश्र तक जिसको पीके ग़म झेलें
ऐसे अमृत से ज़हर बेहतर है।

साहिर होशियारपुरी

रहे-हयात की सख़्ती न झेल सकता मैं
जो तेरे हाथ की नरमी न मिल गई होती
न जाने कब ये दिले-ज़ार सर्द पड़ जाता
जो तेरे क़ुर्ब की गरमी न मिल गई होती।

सुलेमान अरीब

कभी अंधियार को उजियार कहना सीख न पाया
मैं गंगा जल हूँ नालों संग बहना सीख न पाया
ज़ुबाँ पे प्यार के नग्में, दिलों में नफ़रती दलदल
मैं ऐसे दोस्तों के संग रहना सीख न पाया।

गजेन्द्र सोलंकी

ज़िन्दगी केवल न जीने का बहाना
ज़िन्दगी केवल न साँसों का ख़जाना
ज़िन्दगी सिन्दूर है पूरब दिशा का
ज़िन्दगी का काम है सूरज उगाना।

मुकुट बिहारी 'सरोज'

गुंचों के चटकने का ज़माना आया
आँचल को ढलकने का ज़माना आया
चुनरी है कि उड़ती हुई तितली कोई
भौरों के बहकने का जमाना आया।

मुशीर झिंझानवी

दुनिया ने जिसे अपने शिकंजे में कसा
छूटा न कभी मौत के पंजे में फँसा
पानी भी नहीं माँगता इसका मारा
सोता है पड़ा जैसे नागिन का डसा।

यगाना चंगेज़ी

कौन रोया है किसी की मौत पर
सिर्फ खुद पर सोचने का है असर
चार कंधों पर स्वयं को देखना
सैकड़ों डर भर गया है एक डर।

पुरुषोत्तम 'प्रतीक'

जो चीज़ इकहरी थी वो दोहरी निकली
सुलझी हुई जो बात थी उलझी निकली
सीपी तोड़ी तो उससे मोती निकला
मोती तोड़ा तो उसमें सीपी निकली।

जोश मलिहाबादी

अब्र में छिप गया है आधा चाँद
चाँदनी छन रही है शाख़ों से
जैसे खिड़की का एक पट खोले
झाँकता हो कोई सलाखों से।

जां निसार अख़्तर

मैं न रहमान का पुजारी हूँ
ना ही भगवान का पुजारी हूँ
प्यार करता है जो सभी को यहाँ
ऐसे इन्सान का पुजारी हूँ।

डॉ. उर्मिलेश

इससे पहले कि सुबह फूटे ऐ दोस्त
बिजली की तरह वह हम पे टूटे ऐ दोस्त
यों उड़ते हुए वक़्त पे क़ाबू पा लें
इक लम्हा भी हाथों से न छूटे ऐ दोस्त।

जगन्नाथ 'आजाद'

आकाश के फूलों से न शृंगार करो
तुम स्वर्ग नहीं, भू को नमस्कार करो
भगवान को दिन-रात रिझाने वालो
भगवान के बन्दों से भी कुछ प्यार करो।

उदयभानु 'हंस'

नौरोज़ है फूलों की तरह जाम सँभाल
हासिल मयोशाहिद है तो कुछ वक़्त निकाल
कुछ ऐश तो कर ले कि नहीं कल की ख़बर
क्या है ग़मे-फरदा इसे भट्टी में डाल।

उमर ख़ैय्याम

सोचता हूँ कि क्या किया मैंने
सबको अपना समझ लिया मैंने
आप जो चीख़कर न कह पाये
मौन रहकर वह कह दिया मैंने।

डॉ. उर्मिलेश

यो न कहो कि ग़म तुम्हारा है
यो न सहो कि सह नहीं पाओ
बात बढ़ जाये न कहीं इतनी
कहना चाहो तो कह नहीं पाओ।

ओमप्रकाश 'निर्मल'

नवाब ने जो की क़द्रदानी मेरी
ऐ दाग़ गुज़र गई जवानी मेरी
लेकिन यह ख़बर न थी वक़्ते-पीरी
मर-मर के कटेगी ज़िन्दगानी मेरी।

दाग़ देहलवी

ये जो खुशियाँ हैं, भव्यताएँ हैं
ये जो वैभव है, सम्पदाएँ हैं
इनपे अभिमान तुम नहीं करना
ये तो भगवान की कृपाएं हैं।

डॉ. उर्मिलेश

हिन्दू हो चाहे कोई मुसलमान मुबारक
मुद्दत के बाद आया है, मेहमान मुबारक
रोज़ा, नमाज़ और इबादत का महीना
ऐ देश मेरे तुझ को हो रमज़ान मुबारक।

तहसीन मुनव्वर

बाद पढ़ने के मुझको ख़त लिखना
उसमें पहले तो ख़ैरियत लिखना
एक ताज़ा गुलाब रख देना
फिर जो चाहो तो कुछ भी मत लिखना।

डॉ. विष्णु सक्सेना

कब कहा मैंने कि यह पहचान दो, दिन की अमर हो
सांस इस बेहोश घड़ियों की न लौटे, बेख़बर हो
कब कहा मैंने कि मेरी याद की बुझती शमा पर
एक क्षण को भी तुम्हारी लाज से नीची नज़र हो।

रामेश्वर शुक्ल 'अंचल'

उनको क्या काम है मुरव्वत से
वो अपने रुख से मुँह न मोड़ेंगे
फरिश्ते जान शायद छोड़ भी दें
पर डॉक्टर फीस नहीं छोड़ेंगे।

अकबर इलाहाबादी

जन्नत का समां दिखला दिया है मुझको
कोनेन का ग़म भुला दिया है मुझको
कुछ होश नहीं कि हूँ मैं किस आलम में
साक़ी ने यह क्या पिला दिया है मुझको।

अख़्तर शीरानी

आह ! अज़हर ये ज़िन्दगी मेरी
एक नाकामियों की धारा है
जी रहा था किसी की हसरत में
अब खुदा जाने क्या सहारा है।

अज़हर रिज़वी

किसी को गीत देता हूँ, किसी को साज़ देता हूँ
बहुत खुश हो गया जिस पर, उसे कुछ राज़ देता हूँ
कभी जब पास में कुछ भी, न रह जाता लुटाने को
तेरी सोई पड़ी आवाज़ को आवाज़ देता हूँ।

रामस्वरूप सिन्दूर

हमने हर अथ को इति नहीं समझा
लाभ को यानी क्षति नहीं समझा
ज़िन्दगी गीत की तरह गाई
ज़िन्दगी को गणित नहीं समझा।

डॉ. उर्मिलेश

जो भी होता है वो, इस दौर में कम लगता है
हर एक चेहरे पे दहशत का भरम लगता है
घर से निकला है जो स्कूल को जाने के लिये
अब तो उस बच्चे के बस्ते में भी बम लगता है।

डॉ. सुनील जोगी

खून से अपने लिखी थी जो कहानी हमने
तुमने खादी की नरम जिल्द चढ़ा दी उस पर
हमने तो आग से सींचा था सुबह का नक्शा
तुमने कुछ और ही तस्वीर बना दी उस पर।

रामावतार त्यागी

आदमी आकाश में उड़ने गया
लाश लौटी वह बिना पहचान के
मृत्यु सस्ती हो गई विज्ञान में
प्राण चींटी हो गये इन्सान के।

उदयशंकर भट्ट

हँस के चाक-ए-जिगर को सीता हूँ
जामे-ग़म मुस्करा के पीता हूँ
याद में तेरी होके मैं सरशार
क़हक़हों में समा के जीता हूँ।

क़मर ज़ाहिदी

किसी की भी ज़िन्दगी का सफ़र,
पता नहीं कब पायेगा मंज़िल?
दुनियां के झमेलों में उलझकर
ज़िन्दगी की क़िश्ती ढूँढ़ती साहिल।

कान्ता शर्मा

इस दौर में अब ख़्वाहिशे–लज़्ज़ात न कर
मंज़िल की तरफ दौड़ यहां रात न कर
ख़्वाबों की हसीं दुनिया के पाले पोसे
ये वक़्त अमल का है बहुत बात न कर।

क़ादिर सिद्दीकी

किसी गीता से न, कुरआं से अदा होती है
न बादशाहों की दौलत से अता होती है
रहमते सिर्फ़ बरसती हैं उन्हीं लोगों पर,
जिनके दामन में बुजुर्गों की दुआ होती है।

डॉ. सुनील जोगी

बात को मन के मन से तोलूँगा
इससे पहले ज़ुबाँ न खोलूँगा
चाहे दुनिया सुने, सुने न सुने
मैं जहाँ हूँ, वहीं से बोलूँगा।

बलवीर सिंह 'रंग'

किसी से मत डरो का मतलब
बेधड़क चोरी करो नहीं है
करो या मरो का मतलब
मारो और मरो नहीं है।

भवानी प्रसाद मिश्र

और भी हो जाये सिंधु अगाध क्या है
जानता हूँ मैं नदी की साध क्या है
हो गया वातावरण ऐसा रंगीला
मन हुआ चंचल अगर, अपराध क्या है।

मधुर शास्त्री

ज़िन्दगी साज़ दे रही है मुझे
सहरो-एजाज़ दे रही है मुझे
और बहुत दूर आसमानों से
मौत आवाज़ दे रही है मुझे।

मजाज़ लखनवी

इस धरती पर महिलाओं का, मान नहीं जा सकता है
नर के मन से नारी का, सम्मान नहीं जा सकता है
बेटा घर में हो सो चाहे, चूल्हा ठंडा रह जाये
बेटी घर हो तो भूखा, मेहमान नहीं जा सकता है।

डॉ. सुनील जोगी

गूँजे ज्यों सामवेद होठों पर मीत के
चूम-चूम जाते हैं झोंके ये शीत के
प्रीत की ऋचाओं से उमड़ी है सोमधार
फूट-फूट पड़ते हैं बोल अमर-गीत के।

मनोरमा 'मधु'

यह अस्ल इबादत है, इबादत की क़सम
यह ऐन सदाक़त है सदाक़त की क़सम
जो चीज़ कि पत्थर को भी पानी कर दे
वह चीज़ मोहब्बत है मोहब्बत की क़सम।

महेन्द्र सिंह बेदी 'सहर'

सारी दुनिया से दूर हो जाऊँ
तेरी आँखों का नूर हो जाऊँ
तेरी राधा बनूँ, बनूँ न बनूँ
तेरी मीरा ज़रूर हो जाऊँ।

डॉ. सरिता शर्मा

तू अपनी माँ की अगर बद्दुआ से बच जाता
तेरा चिराग़ यक़ीनन हवा से बच जाता
हमेशा बाप ने नक़ली दवाएं बेची हैं
तो बेटा कैसे फिर असली दवा से बच जाता।

डॉ. नवाज़ देवबन्दी

कोई उस पेड़ से सीखे, मुसीबत में अड़े रहना
कि जिसने बाढ़ के पानी में भी सीखा खड़े रहना
मैं कितने ही बड़े लोगों की नीचाई से वाक़िफ़ हूँ
बहुत मुश्किल है दुनिया में, बड़े बनकर बड़े रहना।

डॉ. कुँअर बेचैन

पर्वत से सिर टिकाकर, सोया था रात को
जागा तो लगा बन के नदी, बह रहा हूँ मैं
काग़ज़ का था नसीब, कि होता रहा काला
मुझको मुग़ालता था, ग़ज़ल कह रहा हूँ मै।।

डॉ. सीतेश आलोक

तुम्हारी आँख में शायद अभी सपने सुहाने हैं
हमारी याद में भी तो, अभी गुज़रे ज़माने हैं
पता है मेरे गीतों की, क़िताबें क्यूँ महकती हैं
हमारे दिल के तहखाने में, ख़ुशबू के ख़जाने हैं।

डॉ. कीर्ति काले

मैं ऐसे व्याकुल रहता हूँ अपने ही घर-आंगन में
पंख-फटे पंछी का जैसे नीड़ जले नंदन वन में
बूँद-बूँद के लिए वासना जीभ निकाले फिरती हैं
और प्रेम प्यासा मरता है, गंगा तट पर सावन में।

उदय प्रताप सिंह

सूर्य ले हाथ में जो चढ़े थे गगन
धूल में मिल गए, हस्तियां खो गईं
भूख की आग में, कितने आँचल जले
राख के ढेर में, अस्थियाँ खो गईं।

श्रवण राही

मौज-मस्ती के पल भी आएंगे
फूल होंगे तो फल भी आएंगे
चाहते दोस्ती की पैदा कर
रास्ते तो निकल भी आएंगे।

राजगोपाल सिंह

दर्द दिल में आँख में लाया नमी हूँ
जो किसी से हो न पूरी वह कमी हूँ
गीत देता हूँ ज़माने को कवि हूँ
कवि मगर पीछे हूँ, पहले आदमी हूँ।

उदयप्रताप सिंह

पहले हर रंग मेरा सुहाया बड़ा
लाड़ अपने ख़तों में लड़ाया बड़ा
आ गई हूँ तो मुझसे नज़र फेर ली
क्या समझता है खुद को तू, आया बड़ा।

बागेश्री चक्रधर

मधुशाला में नकली हाला भी चलती है
मधु तो क्या नकली मधुबाला भी चलती है
मधुशाला में सोच समझकर जाना प्यारे
अब जग में नकली मधुशाला भी चलती हैं।

प्राण शर्मा

लुटा के चैन सुकूं और सारी खुशियों को
हर इक ज़ुबान पे अफ़साना बन गया होता
मुझे तो रोक लिया मेरी अना ने वर्ना
किसी के प्यार में दीवाना बन गया होता।

देवमणि पांडेय

आसमाँ क्या ज़मीं नहीं बनता
कुछ-न-कुछ है कमी नहीं बनता
आदमी देवता बनेगा क्या
आदमी, आदमी नहीं बनता।

चन्द्रसेन विराट

तुमने जो कुछ किया वह प्यार का दस्तूर न था
तुम थे मज़बूर मगर प्यार तो मज़बूर न था
वह ठिकाना कि जहां भूल सुधारी जाती
मुझसे था दूर मगर तुमसे बहुत दूर न था।

चन्द्रप्रकाश वर्मा

हर आँख यहाँ यूँ तो बहुत रोती है
हर बूँद मगर अश्क नहीं होती है
पर देख के रो दे जो ज़माने का ग़म
उस आँख से आँसू जो गिरे मोती है।

गोपालदास 'नीरज'

नफ़रतों को प्यार हम देने चले
प्रीति का त्यौहार हम देने चले
आप अब खुशियों के ख़त ले आइये
दर्द को यह तार हम देने चले।

चेतन आनन्द

जीवन की यह छाई हुई अँधियारी रात
क्या जानिये किस मोड़ पे छूटा तेरा साथ
फिरता हूँ डगर-डगर अकेला लेकिन
शाने पे मेरे आज तलक है तेरा हाथ।

जां निसार अख़्तर

गुंचे! तेरी ज़िन्दगी पे दिल हिलता है
बस एक तबस्सुम के लिए खिलता है
गुंचे ने कहा कि "इस चमन में बाबा
ये तबस्सुम भी किसे मिलता है।"

जोश मलिहाबादी

वह दर्पण जो तुम लाए थे, उसके रुख को मोड़ दिया है
और दूसरे में भी तुम थीं, उसको मैंने तोड़ दिया है
लेकिन मुझको ये लगता है, हर दर्पण में जैसे तुम हो
इसीलिए मैंने दर्पण के आगे पड़ना छोड़ दिया है।

उदय प्रताप सिंह

मेरे गीतों की रवानी तुम हो
इन बहारों की कहानी तुम हो
वक़्त से साफ़ कह दिया मैंने
मैं नहीं, मेरी जवानी तुम हो।

चन्द्रप्रकाश वर्मा

कल मिले या न मिले प्यार गवाही के लिए
कल उठे या न उठे हाथ सुराही के लिए
आज की शाम को रंगीन बना लो इतना
कोई कोना न बचे, रात की स्याही के लिए।

बालस्वरूप राही

ज़िन्दगी की मुश्किलों में साथ न छूटे कभी
हाथ में यूं हाथ ले लो, हाथ न छूटे कभी
बस यही हसरत है दिल की, बस यही आँखों का ख़्वाब
इस मुहब्बत के सफ़र में, साथ न छूटे कभी।

देवमणि पाण्डेय

मैंने बतलाया था, तुमने माना नहीं
अब सुनूँगी मैं कोई बहाना नहीं
कुछ उठाने की खातिर झुके, ठीक है
पर कलम अपनी नीचे गिराना नहीं।

बागेश्री चक्रधर

जिसका नहीं है कोई तआल्लुक़ किसी के साथ
अफ़सोस आज सब हैं, उसी आदमी के साथ
बुझने तक आँधियों के मुक़ाबिल रहा हूँ मैं
आएगा मेरा ज़िक्र सदा, रोशनी के साथ।

चरण जीत सिंह 'बशर'

हम राही मुर्दा मंज़िल तक, खुद को ढोकर लाये हैं
जब से हमने होश सम्भाला, हम महफिल में छाये हैं
जिनको हमने अपना समझा, लोग वही छल कर बैठे
अपने पर भी शक होता है, इतने धोखे खाये हैं।

वीरेन्द्र मिश्र

दुनिया भी अजब सरायेफ़ानी देखी
हर चीज़ यहां की आनी जानी देखी
जो आ के न जाये वो बुढ़ापा देखा
जो जा के न आये, वो जवानी देखी।

मीर अनीस लखनवी

रात चुपचाप है, पर चाँद तो ख़ामोश नहीं
कैसे कह दूँ कि खुदा आज फ़रामोश नहीं
ऐसा डूबा हूँ तेरी आँखों की गहराई में
हाथ में जाम है पीने का मगर होश नहीं।

बालस्वरूप राही

तुम तो अमाँ मेहरबान अनूठे निकले
जब आन के पास बैठे रूठे निकले
क्या कहिये वफ़ा एक भी वादा न किया
यह सच है कि तुम बहुत झूठे निकले।

मीर तकी 'मीर'

सदा शुक्र कि पहलू में मेरे दिल न रहा
वह कुश्ते-असर फरेबे-मंज़िल न रहा
यह क्या कम है कि तेरा बन्दा है 'जिगर'
इसका क्या ग़म कि तेरे क़ाबिल न रहा।

जिगर मुरादाबादी

जो तड़पे हर घड़ी बिस्मिल वही है
न आये चैन जिसको दिल वही है
जहाँ रख दे वो पा-ए-जाज़ अपना
हमारे शौक़ की मंज़िल वही है।

वफ़ा बराही

हर हुस्न नए हुस्न का दम भरता है
अपने लिए सामान बहम करता है
आदम को भी शौक़े-सैर गुल है अगर
अल्लाह भी जन्नत के लिए मरता है।

लछमनदास शायक़

लबों को मेरे महकता गुलाब लिखता है
मुझे ग़ज़ल की मोकम्मल किताब लिखता है
वो सोंचता है कि औरत है इक बदन का नाम
मगर ज़माना मुझे इन्क़लाब लिखता है।

डॉ. सुमन दुबे

मैं पहली मुलाक़ात के पल भूल गया हूँ
कब किससे हुई, कैसे पहल भूल गया हूँ
अब तक तो मुझे याद था, हर शेर जुबानी
देखा जो तुम्हें पूरी ग़ज़ल भूल गया हूँ।

रामावतार त्यागी

तेरे दर पे आने के लायक नहीं है
दिल जिसका मासूम बालक नहीं है
हर इक सिम्त रिश्तों के जंगल हैं लेकिन
कहीं माँ के आँचल सी ठंडक नहीं है।

अनामिका जैन 'अंबर'

कल्पना में उड़ नहीं तू, ज़िन्दगी का साज़ सुन
भावना में बह नहीं तू, दर्द की आवाज़ सुन
चेतना तुझमें नहीं तो, तू महज है चुटकुला
सुन सके अब भी अगर तो, वक़्त की आवाज़ सुन।

वीरेन्द्र मिश्र

कैसे मासूम थे, वो लोग पुराने वाले
कितने चालाक हैं ये, मेरे ज़माने वाले
बस यही सोच के, मैं हाथ बढ़ाती ही नहीं
उंगलियां काट न लें, हाथ मिलाने वाले।

डॉ. सुमन दुबे

देख तो दिल कि जाँ से उठता है
ये धुआँ सा कहां से उठता है
यूँ उठे आह उस गली से हम
जैसे कोई जहां से उठता है।

मीर तक़ी 'मीर'

यूं हुआ कांधे पे उसके मैंने जब सर रख दिया
उसने चुपके से मेरे गर्दन पे खंज़र रख दिया
हमने जब पूछा परिन्दे से सबब परवाज़ का
उसने सबके सामने टूटा हुआ सर रख दिया।

मंगल नसीम

रोज़-ए-अव्वल से ज़माने का यही है दस्तूर
जुल्म की शाख़ हमेशा नहीं फलने वाली
तुम हो वो शै जिसे दो पल में डूबना होगा
नाव क़ाग़ज़ की हमेशा नहीं चलने वाली।

मुमताज़

मुश्किल सफ़र है फिर भी मंज़िल तुम्हें मिले
मझधार में हो नाव तो साहिल तुम्हें मिले
हमने ख़ुदा से रात दिन मांगी है यह दुआ
दुनिया को प्यार कर सके वो दिल तुम्हें मिले।

देवमणि पांडेय

सोयी है तकदीर ही जब पी करके भांग
महंगाई की मार से टूट गई है टांग
तुझे अब फोन नहीं करूँगा पीसीओ से हांगकांग
मुझसे पहली सी मुहब्बत मेरे महबूब न मांग।

हुल्लड़ मुरादाबादी

डाली से रूठ करके, जिस दिन कली गई थी
बस उस ही दिन से अपनी, क़िस्मत छली गई थी
अंतिम मिलन समझकर, उसे देखने गया तो
था प्लेटफॉर्म खाली, गाड़ी चली गयी थी।

डॉ. विष्णु सक्सेना

भर गया रंग मुझमें वो जब प्यार का
जाने कैसे मैं खुद ही संवरने लगी
इक रंगोली बनी, मैं सजी इस क़दर
खुद ही फागुन का त्योहार लगने लगी।

रितू गोयल

कोई फूल अगर खिलना चाहे
वीराने में खिल सकता है
दिल प्यार अगर करना चाहे
दिलदार उसे मिल सकता है।

देवमणि पांडेय

दिल की यही सदा है कि सब ख़ैरियत रहे
सज़दे में सिर झुका है कि सब ख़ैरियत रहे
शोले भड़कते देखे हैं, सरहद के उस तरफ
यारब यही दुआ है कि सब ख़ैरियत रहे।

तहसीन मुनव्वर

दिन-रात हरेक से न फरियाद करो
इस ख़ानाख़राब दिल को आबाद करो
इतना भी इन बुतों पे मत फूलो 'असर'
अपने अल्लाह को तुम अब याद करो।

सैयद मोहम्मद असर

बात ऐसी तो नहीं है तम अमर हो
चाँद सूरज की कभी ढलती उमर हो
रोशनी को ज़िन्दगी यदि दे सको तुम
रात आये ही नहीं, ऐसी सहर हो।

सोम 'अधीर'

अब यह आलम है बेकसी मेरी
हाल पर मेरे मुस्कराती है
लोरियां दे रही हैं उम्मीदें
ऐ जुनूँ अब तो नींद आती है।

सुहैल मुरादाबादी

सृष्टि के आरम्भ से अब तक बहुत कुछ आँख रोई
ज़िन्दगी इंसान की पल भर, कभी सुख से न सोई
बँध रहे हैं बाँध नदियों पर, समन्दर हँस रहा है
किन्तु अब तक बंध न पाया, आँसुओं पर बाँध कोई।

वीरेन्द्र मिश्र

ढूँढ रहा हूँ पता पुराना, नया ठिकाना भूल गया
तुमको याद अभी करता हूँ, भले ज़माना भूल गया
शाम ढले, मेरे कमरे में, यादों का उजियारा है,
सन्ध्या वन्दन भोग लगाना, दीप जलाना भूल गया।

वाहिद अली 'वाहिद'

फूल सूख जाता है पर पराग छोड़ जाता है
तूफाँ तक बुझा हुआ चिराग़ छोड़ जाता है
तुम गये, साथ सब निशानियाँ भी लेते गये
ज़ख़्म भर जाता है, तो दाग़ छोड़ जाता है।

वीर सक्सेना

प्राणों में नई चेतना भर जाते है।
नयनों में नए रूप निखर जाते है।
पृथ्वी का सहज सत्य करे जब विश्राम
आकाश में कुछ स्वप्न बिखर जाते हैं।

शम्भूनाथ शेष

ख़ुशी भी इसकी है और सारे ग़म भी इसके हैं
अजान-ओ-आरती वाले सनम भी इसके हैं
ये सब ही कहते है हिन्दोस्तां हमारा है
मगर ये कोई नहीं कहता, हम भी इसके हैं।

कुँवर जावेद

न वो इकरार करते हैं औ न इंकार करते हैं
वो जब भी सामने आते हैं तो बस तकरार करते हैं
ये उनकी बेरुख़ी है या कि अंदाज़े-मोहब्बत है
कोई उनको बताये हम तो उनसे प्यार करते हैं।

गजेन्द्र सोलंकी

बरसात भी नहीं है, बादल गरज रहे हैं
सुलझी हुई लटें हैं, और हम उलझ रहे हैं
मदमस्त एक भँवरा क्या चाहता कली से
तुम भी समझ रहे हो, हम भी समझ रहे हैं।

डॉ. विष्णु सक्सेना

दिल से दिल की बढ़ती जाती दूरी है
शादी है तो बंधन बड़ा ज़रूरी है
एक छत नीचे दोनों को रहना है
ये तो अपने भारत की मज़बूरी है।

राजेश चेतन

नीर में पीर लय नहीं होगी
दृष्टि सबकी सदय नहीं होगी
ज़िन्दगी प्यार से बसर कर लो
ज़िन्दगी हर समय नहीं होगी।

डॉ. उर्मिलेश

सूरज से भी आँख मिलाया करते थे
तुझसे मिलने धूप में आया करते थे
फेंक के पत्थर झील के ठहरे पानी में
हम तेरी तस्वीर बनाया करते थे।

तहसीन मुनव्वर

देखता हूँ मैं जहाँ तक गर्द ही बस गर्द है
और मौसम कुछ मुलायम और थोड़ा सर्द है
दोस्त, इस नश्तर को अपने से दूर ही रखना
आज का तो है नहीं, सदियों पुराना दर्द है।

रामावतार त्यागी

समझ पाया नहीं 'मरुस्थल' में कैसे गुल खिलाते हैं
मिलते जब नहीं दिल, कैसे हाथों को मिलाते हैं
जो सौदागर गुनाहों के, भला उम्मीद क्या उनसे
ज़हर चुपके से नफ़रत का, जो दुनिया को पिलाते हैं।

गजेन्द्र सोलंकी

अभी इक़रार बाक़ी है, अभी इन्कार बाक़ी है
कहीं पे गुल महकते हैं, कहीं पे ख़ार बाक़ी है
सरों को गिन के वो बोले, ज़रूरी आ गये सारे
कोई कुछ भी कहे लेकिन, मेरी सरकार बाक़ी है

तहसीन मुनव्वर

कौन नभ के दीप दमकाकर गया
कौन तम का रूप चमकाकर गया
मैं समझकर और थककर सो गया
उलझनों को कौन सुलझाकर गया।

सरस्वती कुमार 'दीपक'

भला कब तलक हिन्दुस्तान से किस्मत यूं रूठेगी
कभी तो नफ़रतों वाली कंटीली राह छूटेगी
भला मज़हब बदलने से कहीं रिश्ते बदलते हैं
पुकारेगा लहू जिस दिन, हरेक दीवार टूटेगी।

गजेन्द्र सोलंकी

नहीं है यह मेरी ख़्वाहिश नहीं है
कि ज़र्रे से मुझे तूफ़ाँ बना दे
इलाही मेरी हस्ती को मिटाकर
मेरी मिट्‌टी से इक इन्साँ बना दे।

साहिर अबोहरी

छनती हुई नज़रों से जज़्बात की दुनियाएँ
बेख़्वाबियाँ, अफसाने, यह ताब तमन्नाएँ
कुछ उलझी हुई बातें, कुछ बहके हुए नग़में
कुछ अश्क जो आँखों से बेवजह छलक जायें।

फ़ैज़ अहमद 'फ़ैज़'

साँस बाँसुरी माँग रही है, वंशी को भी साँस चाहिए
भक्तों को भगवान, राम को भी तो तुलसीदास चाहिए
तारे झाँक रहे हैं भू पर, पेड़ उठे ऊपर कहते हैं
आसमान को धरती, धरती को भी तो आकाश चाहिए।

पार्थ सारथी डबराल

आज मुद्दत के बाद होठों पर
कोई मबहम-सा गीत आया है
इसको नग़्मा तो कह नहीं सकता
यह तो नग़्मे का एक साया है।

जांनिसार अख़्तर

जिसको देखो वो मीत हो जाए
सारा आलम पुनीत हो जाए
तुमको लय, छन्द की ज़रूरत क्या
जिसको गा दो वो गीत हो जाए।

डॉ. उर्मिलेश

रख दिये तुमने नज़र में, बादलों को साधकर
आज माथे पर सरल संगीत से निर्मित अधर
आरती के दीपकों की झिलमिलाती छाँह में
बाँसुरी रक्खी हुई भागवत् के पृष्ठ पर।

धर्मवीर भारती

स्वप्न सब पूर्णकाम हो जाएं
प्रश्न सारे विराम हो जाएं
जिसको तुम देख लो ज़रा हँसकर
उसकी नीदें हराम हो जाएं।

डॉ. उर्मिलेश

यह किसका ढलक गया है आँचल
तारों की निगाह झुक गई है
ये किसकी मचल गई हैं ज़ुल्फ़ें
जाती हुई रात रुक गई है।

जाँ निसार अख़्तर

इन्सान गिरफ़्तारे-मुसीबत है अभी
ग़फ़लत की न पूछो वहीं ग़फ़लत है अभी
देखी नहीं जो सर से क़यामत गुज़री
इक और क़यामत की ज़रूरत है अभी।

उस्मान आरिफ़ नक्शबन्दी

मंझधार में बचने के सहारे नहीं होते
दुर्दिन में कभी चांद सितारे नहीं होते
हम पार भी जाये तो भला जायें किधर से
इस प्रेम की सरिता के किनारे नहीं होते।

उदयभानु 'हंस'

जब भी किसी का अहदे-वफ़ा याद आ गया
वो दर्दे दिल उठा कि खुदा याद आ गया
मैं और उनसे तर्के-तआल्लुक, खुदा खुदा
अहसासे-बेखुदी में यह क्या याद आ गया।

एकता शबनम

हममें तुममें जो इतनी दूरी है
यूँ समझ लो कि खाना पूरी है
जो भी शिकवे हैं दूर कर लो अब
ज़िन्दगी तुम बिना अधूरी है।

डॉ. विष्णु सक्सेना

अब मेरा तन तुम्हें समर्पित है
तन क्या यह मन तुम्हें समर्पित है
अब इसे प्यार दो या ठुकराओ
सारा जीवन तुम्हें समर्पित है।

डॉ. उर्मिलेश

चाँदनी छत पे जब उतारोगे
तन सजाओगे, मन संवारोगे
मैं मिलूंगा वहीं कहीं तनहा
जिस किसी मोड़ पर पुकारोगे।

डॉ. विष्णु सक्सेना

दुनिया के अलम ज़ौक़ उठा जाएंगे
हम क्या कहें क्या आये थे क्या जाएँगे
जब आये थे रोते हुए आप आये थे
आप जाएँगे औरों को रुला जाएँगे।

'ज़ौक़' शेख मोहम्मद इब्राहिम

सुख के झण भाग्य से ही मिलते हैं
अच्छे जन भाग्य से ही मिलते हैं
यों तो मिलने को क्या नहीं मिलता
मन से मन भाग्य से ही मिलते हैं।

डॉ. उर्मिलेश

हर गली, हर दयार ढूँढ़ते हैं
हर चमन में बहार ढूँढते हैं
आज भी बच्चे कटोरा लेकर
चाचा नेहरू का प्यार ढूँढते हैं।

तहसीन मुनव्वर

सुख भरी ज़िन्दगी मिलेगी तुम्हें
उम्र भी चौगुनी मिलेगी तुम्हें
जितनी ज़्यादा दुआएँ लोगे तुम
उतनी ज़्यादा खुशी मिलेगी तुम्हें।

डॉ. उर्मिलेश

पहला ख़त जुल्फ खोलकर पढ़ना
दूसरा दिल टटोलकर पढ़ना
तीसरे ख़त में काँच के अक्षर
थोड़ा आहिस्ता बोलकर पढ़ना।

डा. विष्णु सक्सेना

ख़ैर हो यारब पड़ोसी जान की
अब वहां कीमत नहीं इंसान की
साथ अपने ले गयी हैं बेनज़ीर
आख़िरी उम्मीद पाकिस्तान की।

तहसीन मुनव्वर

ज़िन्दगी काहे की इस तरह जो बेक़ैफ़ जिये
मरने वालों ने भी सामान न कुछ साथ लिये
मौत का डर है तुझे इसलिये मय से तौबा
मौत तो आनी है नादान, पिये या न पिये।

उमर ख़ैय्याम

परदेस में प्यासे से कभी जात न पूछो
उलझन है पुरानी तो नई बात न पूछो
रातें न हमें दे सको अपनी तो सितारो
फिर हमने गुजारी है कहां रात न पूछो।

गोपाल सिंह नेपाली

ज़िन्दगी की उड़ान तब तक है
जिस्म में उसके जान तब तक है
साथ जब तक है उसके सावित्री
आदमी सत्यवान तब तक है।

डॉ. उर्मिलेश

हर नज़र साधू नहीं है, हर बशर गांधी नहीं है
वस्त्र हर रेशम नहीं है, सूत हर खादी नहीं है
नीति की लेकर कसौटी, मत कसो इंसान को
आदमी है आदमी, सोना नहीं, चाँदी नहीं है।

गोपालदास 'नीरज'

आज यों खुशगवार है मौसम
जैसे खुद पर निसार है मौसम
तुमने हँसकर जिसे उठाया हो
एक ऐसा सितार है मौसम।

चन्द्रप्रकाश वर्मा

किसी गीता से न, कुरआं से अदा होती है
न बादशाहों की दौलत से अता होती है
रहमतें सिर्फ़ बरसती हैं उन्हीं लोगों पर
जिनके दामन में बुज़ुर्गों की दुआ होती है।

डॉ. सुनील जोगी

हिन्दू-ओ-मुस्लिम एक हैं दोनों
यानी यह दोनों एशियाई हैं
हमवतन, हमज़बां व हमक़िस्मत
क्यों न कह दूँ कि भाई-भाई हैं।

अकबर इलाहाबादी

रफ़्ता-रफ़्ता उस हसीं को क़त्ल करना आ गया
हौले-हौले मांग में सिन्दूर भरना आ गया
उसकी खुदबीनी को भड़काने की ख़ातिर कुदरतन
आशिकों को भी जिगर पर हाथ धरना आ गया।

अब्दुल हमीद 'अदम'

दिल के ज़ख़्मों से खेल लो अज़हर
अभी कुछ और रात बाक़ी है
ज़िन्दगी ख़त्म हो चुकी लेकिन
आरज़ू-ए-हयात बाक़ी है।

अज़हर रिज़वी

एक बरस में एक बार ही जगती होली की ज्वाला
एक बार ही लगती बाजी, जलती दीपों की माला,
दुनिया वालो, किन्तु, किसी दिन आ मदिरालय में देखो
दिन को होली, रात दीवाली, रोज मनाती मधुशाला।

हरिवंशराय 'बच्चन'

जो एक उम्र से ओढ़े हूँ, बदन अपना है
लाख कांटे सही, फिर भी ये चमन अपना है
इसको बरबाद भी होते नहीं देखा जाता
लोग कैसे भी हों, लेकिन ये वतन अपना है।

डॉ. सुनील जोगी

हर नफ़स अश्क बार रहता है
दिल बहुत बेक़रार रहता है
रोज़ आते हो तुम, तसव्वुर में
फिर भी इक इन्तज़ार रहता है।

सुहैल मुरादाबादी

क्या है वनवास राम से पूछो
उसका संत्रास राम से पूछो
दु:ख में कैसे सुखी रहा जाए
इसका अभ्यास राम से पूछो।

डॉ. उर्मिलेश

दु:ख जी के पसन्द हो गया ग़ालिब
दिल रुक-रुककर बन्द हो गया ग़ालिब
अल्लाह कि शब को नींद आती ही नहीं
सोना सौगन्द हो गया है ग़ालिब।

ग़ालिब

बीती घड़ियों का हाल जाने दो
दास्ताने-मलाल जाने दो
ज़िन्दगी की हसीन शामो-सहर
क्या हुई, यह सवाल जाने दो।

उस्मान आरिफ़ नक्शबन्दी

कोई दौलत को ज़िन्दगी समझा
कोई ताक़त को ज़िन्दगी समझा
एक मैं ही जहाँ में पागल था
मैं मुहब्बत को ज़िन्दगी समझा।

डॉ. उर्मिलेश

बात पर बात ही निकल आई
वरना क्या मैं हूँ कोई सौदाई
ज़िन्दगी जिसपे जान देती है
मौत करती है वो मसीहाई।

केशव पाठक

हर ग़म को ख़मेमय में डुबोकर काटें
हम फ़िक्र को मस्ती में समोकर काटें
वह उम्र कि मस्ती से जिसे नफ़रत है
सोकर नहीं कटती है तो रोकर काटें।

उमर ख़ैय्याम

यौवन के समय प्रेम की क्या बात न हो
क्या दिन ही रहे और कभी रात न हो
संभव भी कहीं है यह भला सोचो तो
सावन का महीना हो, पर बरसात न हो।

उदयभानु 'हंस'

ज़िन्दगानी का अंत होता है
हर निशानी का अंत होता है
क्या हुआ हम जो हो गये ख़ामोश
हर कहानी का अंत होता है।

डॉ. उर्मिलेश

चन्द मौजें हैं वो भी पानी की
पार क़श्ती को क्या लगायेंगी
नाखुदा पर भी नाज़ बेजा है
हिम्मतें तेरी काम आयेंगी।

उस्मान आरिफ़ नक्शबन्दी

कुछ याद नहीं है कि मैं क्या भूल गया हूँ
इक बेवफा से मिल के, वफा भूल गया हूँ
इतनी सज़ा मिली है, ख़ता भूल गया हूँ
दरिया हूँ समन्दर का पता भूल गया हूँ।

डॉ. सुनील जोगी

आत्माओं की प्यास होते हैं
हर समय अपने पास होते हैं
भूल कर भी न तोड़ना इनको
रिश्ते जीवन की आस होते हैं।

डॉ. उर्मिलेश

सालहासाल की तलाश के बाद
ज़िन्दगी के चमन से छाँटे हैं
आपको चाहिए तो पेश करूँ
मेरे दामन में चन्द काँटे हैं।

नरेश कुमार शाद

आँगन में ठुनक रहा है ज़िद लाया है
बालक तो ह'ई चाँद पे ललचाया है
दर्पण उसे दे के कह रही है माँ
देख आईने में चाँद उतर आया है।

फिराक़ गोरखपुरी

रस्ते में कभी गुल कभी, पत्थर से मिलूंगी
नदिया हूँ किसी रोज, समन्दर से मिलूँगी
वक़्त आने पे इस हाथ में तलवार भी होगी
पोरस की मैं बेटी हूँ, सिकन्दर से मिलूंगी।

डॉ. सुमन दुबे

किस कदर कम नज़र है इन्सां भी
मौत की मुश्क़िलों से डरता है
वर्ना सच तो यही है ऐ 'मासूम'
आदमी ज़िन्दगी से मरता है।

मासूम शेरघटवी

यारों को कुदरतें हैं अब तो हमसे
जिस रोज़ कि हम जाएंगे इस आलम से
उस रोज़ खुलेगी साफ़ हम पर यह बात
इस बज़्म की रौनक थी हमारे दम से।

मीर तकी 'मीर'

मेरा दिल रंजो-ग़म से चूर क्यों है
बहुत नज़दीक जो वो दूर क्यों है
हज़ारों लोग हैं बदनाम लेकिन
अकेला 'रंग' ही मशहूर क्यों है।

बलबीर सिंह 'रंग'

प्यार जिसके क़रीब होता है
बा-अदब, बा-नसीब होता है
ऐसी दौलत भी जिसके पास नहीं
आदमी वो ग़रीब होता है।

मधुर शास्त्री

ज़माने को बुराई ही बुराई दीखती मुझमें
बुरा सचमुच मैं इतना हूँ कि उसको प्यार करता हूँ
जनाज़ा देख के मेरा न जाने उस पे क्या गुज़रे
अभी से मुँह छिपा के उसके कूचे से गुज़रता हूँ।

ब्रज किशोर नारायण

क्या ग़ज़ब के दोस्त तुम सैयाद हो
लूटकर गुलशन हमारा शाद हो
ख़ूब की हम पर इनायत आपने
पर क़तर कर कह दिया-आज़ाद हो।

बालस्वरूप राही

अपनी सूरत निहार ली हमने
ज़ुल्फ़ अपनी संवार ली हमने
क्या ख़रीदें नक़द ज़माने में
उम्र खुद ही उधार ली हमने।

मधुर शास्त्री

न राजा बचा है, न रानी बचेगी
ने मेरी, न तेरी जवानी जवानी बचेगी
बचा ही नहीं कुछ, यहां मौत से पर
अगर बच गई तो कहानी बचेगी।

पुरुषोत्तम 'प्रतीक'

गाँव के एक छोर पर मैं हूँ
दूसरे छोर पर तुम्हारा घर
दिल से कहता हूँ कोई सुन लेगा
नाम लेकर न यूँ पुकारा कर।

बलबीर सिंह 'रंग'

दूर तक एक भी आता है मुसाफ़िर न नज़र
ये भी मालूम नहीं शाम है ये या कि सहर
मेरे अस्तित्व के बस दो ही निशाँ बाकी हैं
एक बुझता-सा दीया, एक टूटी-सी क़बर।

बालस्वरूप राही

या तो बाबा का फूँका हुआ मंत्र है
कोई जादू है या फिर कोई तंत्र है
कितने षड्यंत्र आफत झमेले हैं पर
चल रहा फिर भी अपना, ये जनतंत्र है।

बागेश्री चक्रधर

न रखना आंसुओं का बोझ मन पर मातरम् वन्दे
वतन के लाल मरते हैं, वतन पर मातरम् वन्दे
वतन पर जान जाए तो ये जीवन धन्य हो जाए
ये ख़्वाहिश है कोई लिख दे, क़फ़न पर मातरम् वन्दे।

श्रवण राही

उधड़ी हुई सीवन को सिएगा कैसे
मदिरा है जो मत्सर की पिएगा कैसे
निन्दक की तो खुराक है निन्दा यारों
निन्दा न करेगा तो जिएगा कैसे।

सत्यपाल बेदार 'सरस'

कली खिली तो फूल हो गई
और खिली तो धूल हो गई
हँसी हँसी में कितना अंतर
ईश्वर से कुछ–भूल हो गई।

उदयप्रताप सिंह

यहाँ हर दिन सिसकना है, यहां हर रात गाना है
हमारी ज़िन्दगी क्या, इक तवायफ़ का घराना है
बहुत मज़बूर होकर गीत, रोटी के लिखे हमने
तुम्हारी याद का क्या है, इसे तो रोज़ आना है।

डॉ. कुमार विश्वास

छुपा के रक्खा है जिस राज़ को ज़माने से
कभी मैं उसका ही इज़हार बन के आऊँगा
भले ही आज निगाहों में तेरी कुछ भी नहीं
मैं एक रोज़ तेरा प्यार बन के आऊँगा।

देवमणि पांडेय

मेरी सारी विपदाओं की केवल यही कहानी है
लाभ–अलाभ बुद्धि के बदले बात हृदय की मानी है
यह कम्बख्त हृदय शूलों के आगे तो चट्टानी है
और भूल से फूल अगर, छू गया तो पानी–पानी है।

उदय प्रताप सिंह

उड़ सकूँ चाहे जहाँ, ऊँचाइयाँ दो वो मुझे
मुक्त मृग की चाल दो, अंतस में सिहरन हो मुझे
पूछते हो चाहिए क्या, फिर बताती हूँ चलो
पत्तियों से छानकर सूरज की किरणों दो मुझे।

बागेश्री चक्रधर

अब के सावन में शरारत ये मेरे साथ हुई
मेरा घर छोड़ के, कुल शहर में बरसात हुई
आप मत पूछिए क्या हम पे सफर में गुज़री
था लुटेरों का जहां गांव, वहीं रात हुई।

गोपालदास 'नीरज'

हाँ ये सच है, गुज़रे दिन की बातें अक्सर करता है
लेकिन माज़ी की गलियों में दिल जाने से डरता है
रफ़्ता-रफ़्ता मेरी जानिब,मंज़िल बढ़ती जाती है
चुपके-चुपके मेरे हक़ में, कौन दुआएँ करता है।

आलोक श्रीवास्तव

नन्हीं कली फूल से बोली तू बुजदिल है
वर्ना इन भौरों से बचना क्या मुश्किल है
सुनकर फूल हँसा, फिर बोला ओ अज्ञानी
भौरों का आना ही जीवन की मंजिल है।

उदय प्रताप सिंह

जिसका मन मधुशाला जाने से रंजित है
जिसके मन में मदिरा की मस्ती संचित है
मदिरा पीने का अधिकार उसे है केवल
जिसका सारा जीवन साक़ी को अर्पित है।

प्राण शर्मा

दूध में थोड़ा पानी मिलाओ ज़रा
भर के बोतल उसे अब पिलाओ ज़रा
रो रहा वो, तुम्हें कुछ नहीं हो रहा
पालने की ये डोरी हिलाओ ज़रा।

बागेश्री चक्रधर

मौन का मन मुखर नहीं होता
शब्द कल्याणकर नहीं होता
ब्रह्म से हीन सृष्टि लगती जब
गीत के साथ स्वर नहीं होता।

दबे प्रताप नागर

ये उचटी हुई नींद ये गीली पलकें
जलती हुई हर साँस यह सूनी-सूनी
बरखा में किसी पेड़ के नीचे जैसे
सुलगा के कोई छोड़ गया हो धूनी।

गोपालदास 'नीरज'

मैं कोई शेर न भूले से कहूँगा तुझ पर
फ़ायदा क्या जो मुक़म्मिल तेरी तहसीन न हो
कैसे अल्फाज़ के साँचे में ढलेगा ये जमाल
सोचता हूँ कि तेरे हुस्न की तौहीन न हो।

जां निसार अख़्तर

शब्द का अर्थ गढ़ लिया हमने
भाव ऐसे पकड़ लिया हमने
आपने ज़िन्दगी लिखा होगा
दर्द था दर्द पढ़ लिया हमने।

पुरुषोत्तम 'प्रतीक'

क्या शैख़ मिलेगा गुलफ़िशानी करके
क्या पायेगा तौहीन जवानी करके
तू आतिशे-दोज़ख़ से डराता है उन्हें
जो आग को पी जाते हैं पानी करके।

जोश मलिहाबादी

द्वार पर मेरे कभी दर्द की इज़्ज़त न घटी
चलती-फिरती हुई खुशियों से न कुछ मेरी पटी
मुश्किलें जिनको बुरी लगती हैं, वे गाली दें
मेरी तो इनके सहारे ही सुबह-शाम कटी।

देवी प्रसाद 'राही'

उस दिन जब तुम चले गए तो, सावन की आँखें भर आईं
दीवारें हो गई रुआँसी, आँगन की आँखें भर आईं
बाद तुम्हारे जाने के, मैं बोलो किसे-किसे समझाता
भूले से पड़ गया सामने, दर्पण की आँखें भर आईं।

उदयप्रताप सिंह

क्या शैख़ की खुश्क ज़िन्दगानी गुज़री
बेचारे की इक शब न सुहानी गुज़री
दो ज़ख के तख़य्युल में बुढ़ापा बीता
जन्नत की दुआओं में जवानी गुज़री।

जोश मलिहाबाद

जहां कहीं भी नई रोशनी छाई है
जहाँ कहीं भी जीवन की सच्चाई है
दुनिया वाले चाहे उसको धर्म कहें
सच कहता हूँ भारत की परछाई है।

राजेश चेतन

जब कोई मुझको इंगित कर यह कहता है, ये भी कवि है
इसकी पहुँच वहाँ तक भी है, जहां न पहुँचा अब तक रवि है
तब मैं यह सोचा करता हूँ, इन गीतों में मेरा क्या है?
शब्दों का एक शीश महल है, चारों ओर तुम्हारी छवि है।

उदय प्रताप सिंह

चाँदनी की डगर पर तुम साथ हो,
प्राण युग-युग तक अगर यह रात हो,
कल हलाहल ही पिला देना मुझे
आज मधु की रात, मधु की बात हो।

चिरंजीत

दिल में अपने मलाल रहने दो
आइना बेमिसाल रहने दो
दौलते-ग़म कहां कहां से मिली
दोस्तों ये सवाल रहने दो।

ज़फ़र रज़ा

मेरा मन तू बने, तेरा मन मैं बनूं
ऐसे पूजूं तुझे खुद नमन मैं बनू
एक ही प्रार्थना है प्रभु से मेरी
हर जनम में तेरी ही दुल्हन मैं बनूं।

अनामिका जैन 'अम्बर'

तनहा न उसे अपने दिले-तंग में पहचान
हर बाग़ में, हर दश्त में, हर संग में पहचान
हर आन में, हर बात में, हर ढंग में पहचान
आशिक है तो दिलबर को हर एक रंग में पहचान।

नजीर

ज़िन्दगी भर की ये कमाई है
सिर्फ़ दो गज़ ज़मीन पाई है
आज अपनों से चोट खाई है
आज दुनिया समझ में आई है।

नूर

रात आती है तेरी याद में कट जाती है
आँख रह-रह के सितारों की डबडबाती है
इतना बदनाम हो गया हूँ कि मेरे घर में
आजकल नींद भी आते हुए घबराती है।

बाल स्वरूप राही

मुझमें तुझमें कोई कमी तो रहे
ज़िन्दगी एक जगह कभी तो रहे
आदमी देवता न हो, न सही
आदमी है, वो आदमी तो रहे।

सोम 'अधीर'

खून-पानी सभी उलीचेंगे
हाथ यूँ भी ज़मीन सीचेंगे
देखना हर लकीर से बढ़कर
एक ऐसी लकीर खींचेंगे।

पुरुषोत्तम 'प्रतीक'

एक तरह से सबका स्वागत करती है साकी बाला
अज्ञ-विज्ञ में है क्या अन्तर, हो जाने पर मतवाला
रंक-राव में भेद हुआ है, कभी नहीं मदिरालय में
साम्यवाद की प्रथम प्रचारक, है यह मेरी मधुशाला।

हरिवंशराय 'बच्चन'

जैसे निर्णय कर लेने पर, मन में एक द्विधा रह जाये
जैसे बचपन की किताब में कोई फूल मुँदा रह जाये
मेरे मन पर तेरी यादें अब भी कुछ ऐसे अंकित हैं
जैसे खण्डहर पर शासक का शासनकाल खुदा रह जाये।

रमेश गौड़

हमारे सब्र का छलका जो पैमाना तो क्या होगा
बुझा डालेगा शम्आ को जो परवाना तो क्या होगा
तुम अपने गांव की सुख शांति पे इतना न इतराओ
तुम्हारे गांव में यदि खुल गया थाना तो क्या होगा।

देव शर्मा विचित्र

घंटियों की गूंज कानों तक पहुँचती है
इक नदी जैसे दहानों तक पहुँचती है
अब इसे क्या नाम दें ये बेल देखो तो
कल उगी थी आज शानों तक पहुँचती है।

दुष्यंत कुमार

ग़ज़ल लिखने को जब भी मैं, कलम क़ाग़ज़ उठाता हूँ
हमेशा सामने बैठा हुआ तुमको ही पाता हूँ
मुहब्बत फासला दिल में, कभी रहने नहीं देती
मैं तुमसे दूर रहकर भी तुम्हें नज़दीक पाता हूँ।

देवमणि पांडेय

एक कंकड़ हूँ कोई मोती नहीं
ज़िन्दगी वर्ना ज़हर बोती नहीं
आदमी के शौक़ या ज़िद के सिवा
दर्द की कोई वजह होती नहीं।

रामावतार त्यागी

प्यार हो गया है तो, प्यार से निभा देना
तुम उदास आँखों में, आके मुस्कुरा देना
ज़िन्दगी की बगिया में, पतझड़ों का मौसम है
दिल की सूनी डाली पर, इक सुमन खिला देना।

डॉ. सुमन दुबे

रात-भर जग के तेरा इंतज़ार कौन करे
झूठी उम्मीद पे दिल बेक़रार कौन करे
तेरी उल्फ़त पे तो मुझको यक़ीन पूरा है
तेरे वादों का मगर ऐतबार कौन करे।

बालस्वरूप राही

दिल वो राजा है जो रानी माँगे
क्या अजब प्यास जो पानी माँगे
उम्र कोई हो, रात होते ही
रोज़ ही प्रेम-कहानी माँगे।

चन्द्रसेन विराट

भीतर-भीतर छुप-छुप कर ही रो लेते हैं बाबू जी
अपने दिल की व्यथा-कथा को कब कहते हैं बाबू जी
वृक्ष सरीखे हैं वे अपना फ़र्ज़ नहीं भूला करते
कड़ी धूप में तप कर भी, छाया देते हैं बाबू जी।

रितू गोयल

इक महकती सी शाम लिख दूँगा
तुझको खुशियां तमाम लिख दूँगा
तेरे दिल की किताब में इक दिन
देखना अपना नाम लिख दूँगा।

देवमणि पांडेय

तू पहले से ही पिटा हुआ ऊपर से दिल नाशाद न कर
जो गई जमानत जाने दे वो जेल के दिन अब याद न कर
तू रात फोन पर डेढ़ बजे, व्हिस्की रम की फरियाद न कर
तेरी लुटिया तो डूब चुकी, ऐ इश्क मुझे बरबाद न कर।

हुल्लड़ मुरादाबादी

अब भी हसीन सपने, आँखों में पल रहे हैं
पलकें हैं बंद फिर भी, आंसू निकल रहे हैं
नीदें कहां से आएं, बिस्तर पे करवटें ही
वहां तुम बदल रहे हो, यहां हम बदल रहे हैं।

विष्णु सक्सेना

है दीप एक, पर मोल सूर्य से भी भारी
है व्यक्ति एक वर्तिका, दीप धरती सारी
देखो न दुःखी हो व्यक्ति, उठे इंसानी लौ
वन खण्ड जलाती सिर्फ़ एक ही चिंगारी।

गिरिजा कुमार माथुर

बेगम हर एक दिन है तुम्हारा खुदा क़सम
तुम योंम-ए-ख्वातीन की बातों पे न जाना
मैं ख़्वाब में फुटबाल फक़त खेल रहा था
ग़लती से तुमको लग गयी, लातों पे न जाना।

तहसीन मुनव्वर

ज़र के बन्दे अब होश में आजा
भूल गुज़रे हुए ज़माने को
तुझसे मजदूर छीन सकता है
इस खनकते हुए ख़ज़ाने को।

खुमार बाराबंकवी

हर नया फूल नई गंध लिये आता है
हर भ्रमर नव्य प्रणय-बँध लिये आता है
नये विचार को रूचता न पुराना बाना
हर नया काव्य नये छन्द लिये आता है।

गुलाब खंडेलवाल

किसी के प्यार की मदिरा जवानी ज़िन्दगी की है
हमेशा प्रेमियों को ऋतु सुहानी ज़िन्दगी की है
प्रणय के पंथ पर प्रेमी प्रलय-पर्यन्त चलता है,
किसी के प्यार में मरना निशानी ज़िन्दगी की है।

हरिकृष्ण 'प्रेमी'

इतने दुःख हैं इस जीवन में, पढ़ना मुश्किल, लिखना मुश्किल
पर हर दुःख का सूने घर में, बहुत देर तक टिकना मुश्किल
प्रेम पगे ढाई आखर पर, दिल अक्सर नीलाम हुआ,
मुझसे मेरा मोल न पूछो, बोल दिया तो बिकना मुश्किल।

वाहिद अली 'वाहिद'

बात इतनी न छुपाओ कि वह राज़ न हो
आँख इतनी न चुराओ कि वह लाज न हो
अपने हँसते हुए चेहरे की झलक भर दे दो
दूर से यों न पुकारो कि आवाज़ न हो।

श्रवण कुमार गर्ग

अम्बर आशंकित-उत्कंठित होता रहता,
आतुर जगती भी नहीं चैन से सोती है,
कुछ ऐसा ही महसूस धरा को होता है
जब नई ज़िन्दगी आने वाली होती है।

श्री हरि

अपना ग़म लेके कहीं और न जाया जाए
घर में बिखरी हुई चीज़ों को सजाया जाए
बाग़ में जाने के आदाब हुआ करते हैं
किसी तितली को न फूलों से उड़ाया जाए।

निदा फ़ाज़ली

प्यार एहसास का इक हसीं साज़ है
धड़कनों में छुपा ख़ुशनुमा राज़ है
प्यार हर ख़्वाब की ऊँची परवाज़ है
लब की ख़ामोशियाँ, दिल की आवाज़ है।

देवमणि पांडेय

मन के मरुथल में भी अबकी बरसात हो
हर तरफ आग है, प्यार की बात हो
भर सके रोशनी ज़िन्दगी में सदा
इस तरह की कोई चाँदनी रात हो।

रितू गोयल

वफ़ा की, प्यार की सरगम नहीं समझता है
किसी भी देश का परचम नहीं समझता है
है कौन हिन्दू, है सिख कौन, और मुस्लिम क्या
ये हम समझते हैं, ये बम नहीं समझता है।

कुँवर जावेद

रोशनी पर अँधेरों के पहरे हुए
ज़ख्म जितने सिले उतने गहरे हुए
पीर की बाँसुरी क्या सुनेंगे भला
लोग शहनाइयाँ सुन के बहरे हुए।

श्रवण राही

बनी रहें अंगूर लताएं, जिनसे मिलती है हाला
बनी रहे वह मिट्टी जिससे, बनता है मधु का प्याला
बनी रहे वह मदिर पिपासा, तृप्त न जो होना जाने
बने रहें ये पीने वाले, बनी रहे यह मधुशाला।

हरिवंश राय 'बच्चन'

बुरे लोगों के साये बढ़ रहे हैं
भले इन्सां यहां घटने लगे हैं
क़यामत जल्द आने वाली है अब
खुदा के घर में बम फटने लगे हैं।

तहसीन मुनव्वर

मय सिखाती है खुदफरामोशी
मैं इसी आसरे पे जीता हूँ
ज़िन्दगी के शराबखाने में
रोज़ गिरता हूँ, रोज़ पीता हूँ।

हरभगवान शाद

मैं रहा सबकी तरह, सबसे निराला न हुआ
हुआ अंगूर, मगर ढल के मैं हाला न हुआ
जब तलक तूने जलाई न प्यार की बाती
अँधेरे घर में कभी दोस्त उजाला न हुआ।

शिबहादुर सिंह भदौरिया

मैंने कितने दिल तोड़े हैं, तेरे दिल को पाने में
कितने रिश्ते टूट गये हैं, जाने या अनजाने में
अन्दर-अन्दर दिल रोता है, बाहर हँसी ठहाके हैं,
साँस-साँस सिसकी है अक्सर, एक ग़ज़ल को गाने में।

वाहिद अली 'वाहिद'

कभी बिछुड़े तो कभी साथ-साथ चलते रहे,
एक ही ताप से फिर मोम-से पिघलते रहे
छू गया जब कोई शैतान हवा का झोंका
साथ-साथ बुझते रहे, साथ-साथ जलते रहे।

शरदेन्दु शर्मा

क्या पता है कि पुलक का प्रभाव कब से है
कौन जाने कि कसक का कुभाव कब से है
फूल-काँटों में कोई आज की नहीं अनबन
जब से डाली है, इनमें मनमुटाव तब से है।

शिशुपाल सिंह 'शिशु'

किसी को मैं नहीं भाया, कोई मुझको नहीं भाया
यूँ ही मेरी मोहब्बत पर, रहा गर्दिश का इक साया
मगर बस एक ही ग़म,उम्र भर मुझको सतायेगा
जिसे चाहा था दिल से, क्यों ज़ुबाँ से कह नहीं पाया।

गजेन्द्र सोलंकी

किसी के जाने से किस्से नहीं बदल जाते
तो सूर्य ढलने से साये नहीं बदल जाते
सुनो तो मिट्टी की ख़ुशबू ये कह रही है कुछ
जगह बदलने से पुरखे नहीं बदल जाते।

कुँवर जावेद

देहरी ऊपर दीप जलाना अच्छा है
अन्धकार को दूर भगाना अच्छा है
बाहर लाखों दीप जले हैं जलने दो
भीतर मन का दीप जलाना अच्छा है।

राजेश चेतन

सवालों को कहीं रख दे, जवाबों को कहीं रख दे
हक़ीकत के लिए तू आज ख़्वाबों को कही रख दे
कभी पल भर किसी की चाहतों को भर तो आँखों में
हँसीं मौसम में तू अपनी क़िताबों को कहीं रख दे।

दिनेश रघुवंशी

सारे धर्मों को जोड़ जहाँ पर छिड़ता स्वर वह मन्दिर है
जिसके चरणों में झुके हिमालय, गर्वशिखर वह मन्दिर है
जिस काशी-काबा में नैतिकता बिकती है, मंडी है वह
इंसान जहाँ पत्थर को तोड़ बनाता घर, वह मन्दिर है।

वीरेन्द्र मिश्र

फिर आ गया था सिर उमर ख़ैयाम का जिसने कहा
आज आओ मौज कर लें, कल तो मरना है हमें
साथियों, इतिहास का सन्देश है बहुजन हिताय
आज मर लें, मार लें कल मौज करना है हमें।

विजयदेव नारायण साही

बड़े ही संगदिल, खुदगर्ज़ कितने बेवफ़ा निकले
डुबोया है हमें मझदार, कैसे नाखुदा निकले
बड़ी उम्मीद से जिनको बनाया रहनुमा अपना
वे सौदागर दिलों के क़ातिलों के देवता निकले।

गजेन्द्र सोलंकी

बनते-बनते काम बिगड़ने लगते हैं
इश्क़ में ख़ासो-आम बिगड़ने लगते हैं
प्रेम की मुरली मीरा को तड़पाती है
राधा के घनश्याम बिगड़ने लगते हैं।

तहसीन मुनव्वर

तुम क्या गए कि ज़िन्दगी का रूप ढल गया
आँखों का बाँध टूट के बहकर निकल गया
तुम पास थे तो वक़्त की रफ़्तार तेज़ थी
तुम दूर क्या गए, सदी सा एक पल गया।

मधुमोहिनी उपाध्याय

अंधेरा बांटने वाले सुबह खुद को बताते हैं
दग़ा है खून में जिनके भरोसा भी दिलाते हैं
ज़माने में वफ़ा बदनाम है, जिन बेवफाओं से
वही देखो सबक हमको,मोहब्बत का सिखाते हैं।

गजेन्द्र सोलंकी

बड़ा कठिन है हँसकर जीना
बड़ा कठिन है आँसू पीना
किस पत्थर को ईश्वर समझूँ
हर पत्थर लग रहा नगीना।

सरस्वती कुमार 'दीपक'

रुख़ से परदा हटा दिया होता
कोई-फ़ितना जगा दिया होता
माहो-अंजुम से झाँकने वाले
कुछ तो अपना पता दिया होता।

साहिर अबोहरी

पूरी धरा भी साथ दे, तो और बात है
पर तू ज़रा भी साथ दे, तो और बात है
चलने को एक पाँव से भी चल रहे हैं लोग
पर दूसरा भी साथ दे तो और बात है।

डॉ. कुँअर बेचैन

लिखा 'टू लैट' जिन्होंने ज़िन्दगी भर
उन्हें गीता पढ़ाकर क्या करोगे
जिन्होंने बैंक में दिल रख दिये हैं
उन्हें कविता सुनाकर क्या करोगे।

ओम प्रकाश आदित्य

आह भरना जिसे नहीं आता
कुछ बिखरना जिसे नहीं आता
आदमी वो नहीं वो पत्थर है
प्यार करना जिसे नहीं आता।

डॉ. उर्मिलेश

पस्तियों से बुलन्दियों की तरफ
बेल जीने लगा के चढ़ती है
जानती है कि जितनी उठती है
ताज़गी-ए-हयात बढ़ती है।

उस्मान आरिफ़ नक्शबन्दी

हँसता हुआ मधुमास भी तुम देखोगे
मरुथल की कभी प्यास भी तुम देखोगे
सीता के स्वयंवर पै न झूमो इतना
कल राम का वनवास भी तुम देखोगे।

उदयभानु 'हंस'

गायब बहुत ऐ जाने-जहाँ रहते हो
मानिन्द नज़र हमसे निहाँ रहते हो
हर चन्द कि आँखों में हो तुम, दिल में हो तुम
मालूम नहीं पर कि कहाँ रहते हो।

अमीर मीनाई लखनवी

जहरे-अफसुर्दगी से मरता है
ग़मे बेचारगी से मरता है
मौत पर तो है मुफ़्त की तोहमत
आदमी ज़िन्दगी से मरता है।

अहकर काशीपुरी

आकाश धरा से एक रात बोला यह,
'तेरी छाती पर बहुत बोझ रहता है'
धरती बोली, 'तू रो देता पल-भर में'
सामर्थ्यवान ही सब दुःख-सुख सहता है।

उदयशंकर 'भट्ट'

प्राण पत्थर थे, अब फूलमाला हुए
हम अँधेरों में हँसता उजाला हुए
प्रीति के रंग ने जब हमें रंग दिया
हम स्वयं प्यार की रंगशाला हुए।

डॉ. कुँअर बेचैन

मौजों में मचलता हूँ किनारा कैसा
गिर-गिर के संभलता हूँ सहारा कैसा
मेरे आँसुओं में रोना है जवानी का
आँसू मीठे हैं मगर जायका खारा कैसा।

शेरजंग गर्ग

दिन का मालिक है मिल का नहीं
क्यों करें सूर्य की वन्दना
सायरन से मिली है हमें
भोर होने की शुभ सूचना।

ओम प्रकाश आदित्य

कभी-कभी तेरे होठों की मुस्कराहट से
मुझे बहार की आहट सुनाई देती है
तेरी निगाह की यह बेहिसाब सरगोशी
मुझे फुहार-सी पड़ती दिखाई देती है।

क़तील शिफाई

दिल की कोरी किताब लाया हूँ
नर्म नाजुक गुलाब लाया हूँ
तुमने डर डर के जो लिखे ही नहीं
उन ख़तों के जवाब लाया हूँ।

डॉ. विष्णु सक्सेना

ज़िन्दगी काट दी हमने किसी खुद्दार के साथ
लफ़्ज इन्कार भी चलता रहा इक़रार के साथ
हम कभी उनकी ख़ताओं पै खफ़ा हो न सके
गुस्सा आया भी तो आया है बड़े प्यार के साथ।

किशन 'सरोज'

जज्बा-ए-रहम उभार देता है
है अजब चीज़ दर्द इश्रत भी
याद अहदे-वफ़ा भी है तेरा
याद रखूँगा यह नसीहत भी।

कैफी आज़मी

याद से घर को साथ में रखना
उसके हर दर को साथ में रखना
घर से बाहर कभी जो निकलो तुम
अपने ईश्वर को साथ में रखना।

डॉ. उर्मिलेश

हैं बहुत कठिनाइयाँ इन्सान के आगे
सब गवारा है मुझे ईमान के आगे
रोशनी बदनाम हो जाये न इस डर से
रख दिया मैंने दीया तूफान के आगे।

देवी प्रसाद 'राही'

प्यास जो इन लबों पे धरते हैं
रोज़ हम उनके जाम भरते हैं
किसलिये बादशाह फिक्र करें
हम पियादे हैं पहले मरते हैं।

नरेन्द्र वसिष्ठ

हर कली मस्ते-ख़्वाब हो जाती
पत्ती-पत्ती गुलाब हो जाती
तूने डाली न मयफिशाँ नज़रें
वर्ना शबनम शराब हो जाती।

नरेश कुमार शाद

भाइयों का वो भाल होती है
घर की इज़्ज़त की ढाल होती है
इसको मत बोझ मानकर फेंको
बेटी पूजा का थाल होती है।

डॉ. उर्मिलेश

कुछ कान भी कमज़ोर हैं, बीनाई भी कम है
सोजिश है जिगर पर, मेरी आँतों पै वरम है
पूछा कि मुझे और सताओगे कहां तक
बोले कि जहाँ तक तेरी आवाज़ में दम है।

रामावतार त्यागी

हो गई है पीर पर्वत सी पिघलनी चाहिए
इस हिमालय से कोई गंगा निकलनी चाहिए
मेरे सीने में नहीं तो तेरे सीने में सही
हो कहीं भी आग, लेकिन आग जलनी चाहिए।

दुष्यन्त कुमार

हमारी तिश्नगी से आज साक़ी
शराबों का जिगर थर्रा रहा है
निगाहों से ज़रा सीराब फरमा
कि मैख़ाना तो बुझता जा रहा है।

अब्दुल हमीद 'अदम'

गीता गायक जैसा सारथि चाहिए
'इति' कल तक हो गई आज 'अथ' चाहिए
विधिवत् विधि का रिक्त कमंडलु हो गया,
गंगा तो आ गईं, भागीरथ चाहिए।

बलबीर सिंह 'रंग'

बहुत खोया, और खोने दो मुझे
और भी गुमराह होने दो मुझे
आज पलकों की छबीली छाँह में
लग गई है आँख, सोने दो मुझे।

चिरंजीत

चुप्पियाँ तोड़ने की बात करें
ग़लतियाँ छोड़ने की बात करें
भूल से टूट जो गए हमसे
अब उन्हें जोड़ने की बात करें।

डॉ. उर्मिलेश

सजावट को ज़रा-सी सादगी दो
कहीं दूकान मानव हो न जाये
न मन की खाट पर खटमल बिछाओ
कहीं इन्सान भीतर सो न जाये।

ओमप्रकाश आदित्य

ज़िन्दगी जब हमारी सजल हो गई
अश्क रोने लगे तब ग़ज़ल हो गई
जब से छोड़ी हैं मैंने सभी ख्वाहिशें
मेरी छोटी-सी कुटिया महल हो गई।

चेतन आनन्द

सारी दुनियां ही ख़फ़ा रहती है
पास में बेवफ़ा भी रहती है
फिर भी मैं मुस्कुराता रहता हूँ
साथ में मां की दुआ रहती है।

डॉ. सुनील जोगी

नाग-सी फुँफार लेकर आप आये हैं
दीप के निर्वाण का सन्देश लाये हैं
पर बुझाने से प्रथम यह तो कहो अब तक
आपने कितने बुझे दीपक जलाये हैं।

शिशुपाल सिंह 'शिशु'

तासीरे शबाबो-उम्र फानी क्या थी
यह भी नहीं याद वह कहानी क्या थी
ग़फ़लत से खुली आँख तो मालूम हुआ
एक नींद का झोंका था, जवानी क्या था।

सफ़ी लखनवी

बादा-ओ-जाम लेके आया हूँ
एक पैग़ाम लेके आया हूँ
क्यों न महफिल में नाम हो मेरा
मैं तेरा नाम लेके आया हूँ।

सरदार होशियार पुरी

जब तलक भी ये सांस बाकी है
दर्द सहने की आस बाकी है
एक सागर मैं पी चुका हूँ मगर
फिर भी होठों की प्यास बाकी है।

डॉ. सुनील जोगी

ईश्वर न करे तुम कभी ये दर्द सहो
दर्द, हाँ चाहो तो इसे दर्द कहो
मगर ये और भी बेदर्द् मज़ा है ऐ दोस्त
कि हाड़-हाड़ चिटख जाय मगर दर्द न हो।

धर्मवीर भारती

उँगलियाँ छू न तू नगीने से
उम्र मत नाप सिर्फ जीने से
ज़िन्दगी का शबाब गर चाहे
अश्क़ को तोल दे पसीने से।

दवे प्रताप नागर

नज़र को पेड़ नहीं, अब मकान मिलते हैं
हवा में पात कब, बिजली के तार हिलते हैं
नग़र में आ तो गयी है शकुन्तला लेकिन
सड़क पे चलते हुए, उसके पाँव छिलते हैं।

नरेन्द्र वसिष्ठ

रोशनी की तलाश करता हूँ
चाँदनी की तलाश करता हूँ
आज लोगों के घने जंगल में
आदमी की तलाश करता हूँ।

चन्द्रसेन विराट

ज़िन्दगी कटु सत्य है, सपना नहीं है
खेल इसकी आग में तपना नहीं है
कौन देगा साथ इस भूखी धरा पर
जबकि अपना श्वास भी अपना नहीं है।

पद्मसिंह शर्मा 'कमलेश'

प्यार अपना इनाम होता है
प्यार फ़ितरत का नाम होता है
मंज़िलें खुदबखुद चली आतीं
प्यार ऐसा मुकाम होता है।

चन्द्र प्रकाश वर्मा

छू लेता है ज़मीं को आसमां कहीं न कहीं
मिल जाते हैं ये दोनों जहां कहीं न कहीं
हम अकेले हैं दुनिया से अलग हैं तो क्या
होगा हम जैसों का भी कारवां कहीं न कहीं।

अनामिका जैन 'अंबर'

झिलमिलाता है झीना-झीना है
श्रम का, मेहनत का वो नगीना है
जिसको सूरज तलक सुखा न सके
वो तो मज़दूर का पसीना है।

बागेश्री चक्रधर

सूरज तो सूरज होता है, आज का है या कल का है
तम से लड़ना एक किसी का काम नहीं है, सबका है
सूरज से लेकर जुग़नू तक एक पंथ के पंथी हैं
जहां नहीं ये समझ वहीं पर, करता राज धुंधलका है।

उदय प्रताप सिंह

तेरे लिए मदिरा ए जाहिद होगी गाली
मेरे लिए है मदिरा सबसे चीज़ निराली
तेरे लिए मदिरा ए जाहिद होगा विष पर
मेरे लिए मदिरा है जीवन देने वाली।

प्राण शर्मा

कौन कहता है ज़माने के लिए ज़िन्दा हूँ
मैं तो बस आपको पाने के लिए ज़िन्दा हूँ
हाकिये-वक़्त ने जो आग लगाई है यहां
मैं वही आग बुझाने के लिए ज़िन्दा हूँ।

अना देहलवी

काजू भुने प्लेट में व्हिस्की गिलास में
उतरा है राम राज्य विधायक निवास में
जनता के पास एक ही चारा है बग़ावत
ये बात कह रहा हूँ मैं होशो हवास में।

अदम गोंडवी

वांछित अभिसार मुझसे अब न होगा
ऊष्मा-सा प्यार मुझसे अब न होगा
रीझ पाए, रीझ ले मेरे गुणों पर
ऊपरी श्रृंगार मुझसे अब न होगा।

बागेश्री चक्रधर

हम जो चाहें वो अगर होना नहीं है
बात इतनी पर हमें रोना नहीं है
कर्म का पारस हमारे हाथ में है
हर चमकती वस्तु यदि सोना नहीं है।

उदयप्रताप सिंह

तू जहाँ तक कहे उम्मीद वहाँ तक रक्खूँ
पर, हवाओं पे घरौंदे मैं कहां तक रक्खूँ
दिल की वादी से ख़िज़ाओं का अजब रिश्ता है
फूल ताज़ा तेरी यादों के कहां तक रक्खूँ।

आलोक श्रीवास्तव

तू किसी का कभी अपना न पराया होता
नाम पर तेरे यह भ्रम जाल न छाया होता
हिन्दू-ईसाई-मुसलमान बनाने वाले
तूने इन्सान को इन्सान बनाया होता।

निरंकार देव सेवक

शब्द के अर्थ में झरोखे हैं
यार छोड़ों तमाम धोखे हैं
कौन जाने कमाल क्या कर दें
झूठ के काम ही अनोखे हैं।

पुरुषोत्तम 'प्रतीक'

नहीं हैं फूल, न कलियाँ, तो क्या चमन होगा
नहीं हैं चाँद-सितारे तो क्या गगन होगा
साक़िया उठ तो गये हैं तेरे मयखाने से
अब जो आते हैं तो आना ये आदतन होगा।

चन्द्रप्रकाश वर्मा

हर पात्र तो निस्सार हुआ करता है
आईना तो आकार हुआ करता है
ऐ दोस्त न बदनाम करो प्यासों को
मौसम ही गुनहगार हुआ करता है।

गोपाल दास 'नीरज'

तुरत माना, धर्म ने जो भी कहा
योगियों के योग में सब कुछ सहा,
दिव्य पूजन में सभी कुछ दे दिया
ज़िन्दगी का पशु मगर भूखा रहा।

चिरंजीत

ये गगन में घटाओं की अँगड़ाइयाँ
दर्द की चलती-फिरती सी परछाइयाँ
आँसुओं का मुसाफिर नयन देश में
सख्त बीमार है कहती पुरवाइयाँ।

उदय प्रताप सिंह

हमने ही बिठाया तुझे पैमाने पर
फिर तुझको ही टेरा है नशा आने पर
नफ़रत से न यूँ देख हमें ऐ साक़ी
कुछ हक़ है हमारा भी तो मैख़ाने पर।

गोपालदास 'नीरज'

कभी-कभी होती मुझको हैरानी है
कवियों की भी ये कैसी नादानी है
जापानी जूते के संग रूसी टोपी
बोल रहे हैं दिल तो हिन्दुस्तानी है।

राजेश चेतन

यहां इंसानियत की दासतां किसको सुनाते हो
बदलते वक़्त में लगती हैं ये बातें हंसी जैसी
सियासी दौर में अब तो शहीदों की वो कुर्बानी
न जाने क्यों मुझे लगने लगी है ख़ुदकुशी जैसी।

अमिताभ मिश्र

हर तमन्ना धरी की धरी रह गई
ज़िन्दगी बर्फ़ थी, धूप में बह गई
मालो-ज़र के लिए भाई लड़ते रहे
मेरे हिस्से में मां की दुआ रह गई।

नूर

अब तो ख़ुशी के नाम पर कुछ भी नहीं रहा
इस ज़िन्दगी के नाम पर कुछ भी नहीं रहा
आए थे मीर ख़्वाब में, कल डांट के गए
क्या शायरी के नाम पर कुछ भी नहीं रहा।

आलोक श्रीवास्तव

काँपती लौ, ये स्याह, ये धुआँ, ये काजल
उम्र सब अपनी इन्हें गीत बनाने में कटी
कौन समझे मेरी आँखों की नमी का मतलब
ज़िन्दगी गीत थी पर जिल्द बंधाने में फटी।

गोपालदास 'नीरज'

चाहत की राहों में अक्सर वो भी मुकाम आते हैं जहां
जीना तो दूभर होता है, मुश्किल है मर जाना भी
कुछ आंसू बह जाते हैं, तो मन हल्का हो जाता है
ग़म को और हवा देता है, लोगों का समझाना भी।

ज़कुर रज़ा

होठों पे तुम गुलाब सजा कर चले गये
आँखों में मेरी ख़्वाब बसाकर चले गये
सांसों में गूंजती हैं मोहब्बत की सरगमें
दिल को तुम ऐसा साज बनाकर चले गये।

अनामिका जैन 'अम्बर'

भीड़ में भी हम अकेले रह गए
दर्द को ख़ामोश रहकर सह गए
रात तेरी याद क्या आई मुझे
आँख से आंसू छलककर बह गए।

देवमणि पांडेय

वादा करता है किनारे का लहर देता है
लाख ग़म सुख का महज़ एक पहर देता है
उम्र की राह कटी तब ये कहीं राज़ खुला
प्यार अमृत के बहाने ही ज़हर देता है।

बालस्वरूप राही

चांद से रात का श्रृंगार अमर होता है
सूर्य से भोर का उजियार अमर होता है
मुझसे तुम व्यर्थ व्यथाओं की शिकायत न करो
पीर की छांह पला प्यार अमर होता है।

शेरजंग गर्ग

इस धरती से महिलाओं का, मान नहीं जा सकता है
नर के मन से नारी का, सम्मान नहीं जा सकता है
बेटा घर में हो तो चाहे, चूल्हा ठंडा रह जाये
बेटी घर हो तो भूखा, मेहमान नहीं जा सकता है।

डॉ. सुनील जोगी